LES GRANDS CATHOLIQUES

PAR

L'ANECDOTE, LE DÉTAIL ET L'IMAGE

JOSEPH DE MAISTRE

PAR

Antoine ALBALAT

LIBRAIRIE EMMANUEL VITTE

LYON | PARIS
3, place Bellecour, 3 | 14, rue de l'Abbaye, 14

1914

JOSEPH DE MAISTRE

Ouvrages de M. Antoine Albalat

L'art d'écrire enseigné en vingt leçons, 1 vol. in-18, 18e édition (21e mille). — Colin, édit. 3.50

La Formation du style par l'assimilation des auteurs, 1 vol. in-18, 8e édit. (10e mille). — Colin, édit. 3.50

Le travail du style enseigné par les corrections manuscrites des grands écrivains, 1 vol. in-18, 7e édit., (9e mille). — Colin, édit. . . . . .(Ouvrage couronné par l'Académie Française) 3.50

Comment il faut lire les auteurs classiques français, 1 vol. in-18 (2e mille). — Colin, édit. 3.50

Les Ennemis de l'art d'écrire (réponse aux objections), 1 vol. in-18. Libr. Universelle 3.50

Ouvriers et procédés (critique littéraire), 1 vol. in-18. — Flammarion, édit. 3.50

Le Mal d'écrire et le roman contemporain, 1 vol. in-18. — Flammarion, édit. 3.50

Marie, roman, 1 vol. in-18. — Colin, édit. 3.50

L'Impossible pardon, roman, 1 vol. in-18 (épuisé). . . . 3.50

Une fleur des tombes, roman, 1 vol. in-18 (épuisé). . . . 3.50

Frédéric Mistral, son génie, son œuvre, 1 vol. petit in-18. — Sansot, éditeur . . . . 1 »

Lacordaire, 1 vol. in-18. — Vitte, éditeur. 3.50

Pages choisies de Louis Veuillot, avec Introduction, 1 vol. in-18. — Lethielleux, éditeur 3.50

LE COMTE Jh. DE MAISTRE

LES GRANDS CATHOLIQUES

PAR

L'ANECDOTE, LE DÉTAIL ET L'IMAGE

JOSEPH DE MAISTRE

PAR

Antoine ALBALAT

LIBRAIRIE EMMANUEL VITTE

LYON 3, *place Bellecour*, 3 | **PARIS** 14, *rue de l'Abbaye*, 14

1914

A mon vieil Ami

L'ABBÉ NICOLAS

EN SOUVENIR DES BONNES HEURES
ET DES BONNES LECTURES

A. A.

JOSEPH DE MAISTRE

CHAPITRE Ier

Joseph de Maistre écrivain et patriote français. — Les premières années et la vie à Chambéry. — Comment J. de Maistre travaillait. — J. de Maistre magistrat. — Son premier discours. — Une leçon de style.

Né à Chambéry en 1754, d'une noble et ancienne famille languedocienne, le comte Joseph-Marie de Maistre fut l'aîné de dix enfants et le frère illustre de l'auteur estimé du *Voyage autour de ma chambre.* Ses ancêtres avaient émigré au commencement du XVIIe siècle, au moment où la main de fer de Richelieu étreignait si lourdement toute la région du midi. M. de Maistre se montra toujours très fier de son origine française et ne manqua jamais une occasion de revendiquer cet honneur : « Je suis, écrivait-il, en 1819, sans contredit l'étranger le plus français et le plus attaché à la Légitimité française.

Je crois l'avoir bien prouvé. » Il écrivait encore à M. de Bonald : « Je vous ai trouvé excessive-« ment français dans quelques-unes de vos pen-« sées. On vous blâmera ; mais pour moi, je « vous pardonne. *Je le suis bien, moi qui ne le « suis pas*... Buffon,... qui était... un très grand « écrivain, a dit,... que *le style est tout l'homme.* « On pourrait dire aussi qu'*une nation n'est « qu'une langue.* Voilà pourquoi la nature a « naturalisé ma famille chez vous, en faisant en-« trer la langue française jusque dans la moelle « de nos os. Savez-vous bien... qu'en fait de « préjugés sur ce point, je ne le céderais pas à « vous-même. — Riez, si vous voulez ; mais il « ne me vient pas seulement en tête qu'on puisse « être éloquent dans une autre langue autant « qu'en français. »

Il faut cependant ajouter qu'en 1802, J. de Maistre demanda à être rayé comme étranger de la liste des émigrés. « *N'ayant jamais*, dit-il, « *été Français et ne l'étant pas*, *ne voulant jamais « l'être et ne pouvant rentrer en France, j'ai été « rayé de la liste des émigrés et autorisé à rentrer « en France, sans obligation de prêter serment « et sans obligation de quitter le service du roi !* (Lettre au comte de... Janvier 1809.)

Dans son livre sur *De Maistre et la Papauté*, M. Latreille se demande si J. de Maistre a vraiment mérité le titre d'ami de la France : « Ses enfants, dit-il, étaient partagés d'avis sur ce

CHATEAU DE CHAMBERY.

p. 8-9

point : sa fille Constance soutenait avec feu que son père avait beaucoup de pente pour la France; Rodolphe ne croyait pas, au contraire, que le grand ennemi de la Révolution pût avoir quelque tendresse de cœur pour le pays de la Révolution. Ce qui est certain, c'est que de Maistre n'a pas gardé à l'endroit de la France, les ménagements auxquels est tenu un étranger qui veut devenir son fils d'adoption. »

La conclusion de M. Latreille est trop sévère et il faut la mettre au point. De Maistre était d'âme et de cœur, autant que d'origine, profondément français. D'abord personne n'a plus sincèrement aimé la langue française. Il écrivait un jour à M. de Bonald en parlant de la France : « Chaque parole de ce peuple est une conjuration... Toujours la parole des Français est entendue de plus loin, car le style est un accent. » Et encore : « Il n'y a pas de petit grimaud de collège en Allemagne ou en Italie qui n'ait pas fait sa petite dissertation sur *la pauvreté de la langue française ;* c'est comme si l'on écrivait sur la faiblesse d'un levier qui arrache des chênes. »

Ce n'est pas seulement la langue française qu'il aime par dessus tout. Joseph de Maistre aime la France ; il l'aime malgré ses erreurs, malgré son philosophisme néfaste, malgré la Révolution. Comme plus tard Berryer disant un jour : « Je n'oublie pas que le comité de Salut public a sauvé mon pays, » Joseph de Maistre, l'intransigeant royaliste, qui donnait des leçons de tolérance aux émigrés, applaudit « aux victoires de la France sur la coalition. »— «Qu'importent les violences, les massacres même, fait judicieusement remarquer Albert Blanc ; il fallait que la France fût sauvée... » La conquête de la France, c'était son démembrement, c'était la ruine de son influence, pis encore, « c'étaient, dit J. de Maistre, des massacres de trois siècles peut-être, suite infaillible d'une rupture d'équilibre ! Mais nos neveux qui s'embarrassent très peu de nos souffrances et qui danseront sur nos tombeaux, riront de notre ignorance actuelle ; ils se consoleront aisément des excès que nous avons vus et qui auront conservé l'intégrité *du plus beau royaume après celui du ciel.* » Joseph de Maistre finit même par s'écrier : « Vive la France, même républicaine ! »

C'est que pour lui la Révolution était une expiation voulue par la Providence, une sorte de régénération destinée à préparer les voies à la restauration monarchique, et il ne crut jamais que la destruction de la France pût entrer dans les desseins de Dieu. Cette prédilection patriotique faisait partie de sa doctrine. Il croyait fermement que le rôle et la mission de la France avaient seulement été interrompus par la Révolution. Il n'a jamais compris l'Europe et la civilisation sans la France. On citerait vingt passages de ses lettres où il exprime le regret sincère de n'être pas né Français et de n'avoir pu habiter Paris, dont la consécration et le rayonnement l'ont toujours attiré.

« Lorsqu'on examine les Français un à un, écrivait-il après la retraite de Russie ; lorsqu'on réfléchit sur les inconcevables extravagances dont leur histoire est remplie, on se demande à quoi tient donc cette espèce de suprématie qu'ils exercent sur les autres peuples? Cependant il est impossible de la nier. Par leurs armes et par leur langage, ils dominent en Europe. C'est un fait qu'il faut prendre comme il est et dont il faut tirer parti, puisqu'il n'y a pas le moindre signe qu'il doive changer. »

Ce culte de Joseph de Maistre pour la France s'explique non seulement par son éducation et son goût personnel ; mais il faut avouer qu'il était mieux placé qu'un autre, hors de France et dans le monde diplomatique, pour apercevoir le rayonnement que la France a toujours exercé en Europe et auquel la victoire de nos armes et le prestige de nos désastres donnaient à cette époque un éclat incomparable.

« Peut-être serait-il permis de croire, dit M. Mandoul (1), que Joseph de Maistre ne se plaisait tant en Russie que parce qu'il y trouvait avec la langue française, quelque chose du ca-

(1) *Joseph de Maistre et la politique de la Maison de Savoie*, par J. Mandoul (in-8).

ractère français. Pendant la campagne de Russie, il défendait nos soldats contre les accusations de violence, de sauvagerie, et il ne lui déplaît pas de reconnaître qu'ils ont été vaincus moins par les Russes que par les *éléments*. Il est bien près d'admirer l'inébranlable fidélité qu'ils gardent à Napoléon. En un mot rien de ce qui touche à la France, de ce qui contribue à exalter la grandeur de la France ne saurait le laisser indifférent... Si, comme ennemi de Napoléon, il se réjouit de la bataille décisive de Waterloo, il n'en déplore pas moins le malheur de la France, qu'il avait prévu ; et sa colère contre Napoléon s'accroît de la pitié qu'il ressent pour la France entraînée à sa perte. »

Dès sa plus tendre enfance, Joseph de Maistre montra le goût le plus vif pour la langue française et pour les lectures sérieuses; mais son obéissance filiale et sa vénération pour sa mère étaient si profondes que, malgré sa passion pour les livres, il ne voulut jamais dans sa jeunesse en ouvrir un seul sans sa permission.

Fille du sénateur de Motz, la mère de Joseph de Maistre, catholique fervente, « un ange à qui Dieu avait prêté un corps », fit élever son fils par les Jésuites de Chambéry. « Mon grand-père a dit l'auteur des *Soirées de Saint-Pétersbourg*, aimait les Jésuites, mon père les aimait, je les aime, mon fils les aime, et son fils, s'il plaît

CHAMBÉRY

p. 12-13

au roi qu'il en garde un, les aime aussi. » Le jeune Joseph était âgé de dix ans, lorsqu'on apprit en Savoie que la Compagnie de Jésus était expulsée de France. L'émotion fut considérable à Chambéry. En arrivant chez lui, l'enfant répéta le cri qu'il venait d'entendre dans la rue : « On a chassé les Jésuites ! On a chassé les Jésuites ! » Sa mère le gronda. « Ne dis plus cela, mon enfant. Un jour tu comprendras que c'est le plus grand malheur qui puisse arriver à la religion. »

Mme de Maistre, qui mourut en 1773, avait tout fait pour développer les inclinations de charité et de bonté qui forment le fond solide des natures vraiment chrétiennes. Joseph de Maistre entrait à quinze ans dans la Confrérie des *Pénitents noirs*, qui enterraient les morts, portaient les malades aux hôpitaux, veillaient et priaient avec les condamnés, assistaient à leur exécution et montaient avec eux sur l'échafaud pour recevoir le corps des mains du bourreau. Le souvenir des rigueurs de la justice et du supplice de la roue laissa sur cette âme d'enfant des impressions dont on retrouve l'éloquence dans les *Soirées de Saint-Pétersbourg*. Maistre a vu de ses yeux ce qu'il a décrit, et surtout il a *pensé* ce qu'il a vu, et sa pitié n'a point paralysé sa claire raison ni son inflexible justice.

Tout le monde sait aujourd'hui que ce grand théologien laïque fut essentiellement un homme de modération, de douceur et de tendresse ; et l'on ne s'en étonne pas, quand on se rappelle que ses premiers goûts littéraires furent formés par la lecture du divin Racine. « Je ne comprenais pas Racine, dit-il, lorsque ma mère venait le répéter sur mon lit et qu'elle m'endormait avec sa belle voix, au son de cette incomparable musique. J'en savais des centaines de vers longtemps avant de savoir lire, et c'est ainsi que mes oreilles, ayant bu de bonne heure cette ambroisie, n'ont jamais pu souffrir la piquette. »

Racine donnait ainsi à son jeune esprit sa première tournure classique d'ordre, d'harmonie, de vérité, de pondération, et lui apprenait à aimer le bon goût, le sens clair et l'observation de l'âme humaine.

Le jeune Maistre prit ses grades à l'Université de Turin, où il mena une vie d'étudiant laborieux, et, le 6 décembre 1774, sur la recommandation du grand chancelier de Sardaigne, le roi Victor Amédée III le nomma substitut surnuméraire de l'avocat fiscal général, avec un traitement de 600 livres, qui dut être bien accueilli dans une famille sans fortune. Maistre demeura quatorze ans *substitut* et ne fut nommé sénateur que le 13 juin 1788. Le jeune homme retrouvait son père second président à Chambéry et se créait bientôt des amis dévoués, partageant ses idées et ses goûts, Deville, Faverat, Dichat, Gar-

LE PRÉSIDENT FRANÇOIS-XAVIER MAISTRE.

p. [illegible]

billion, le chevalier Roze, Salteur, le fils du premier président.

Passionné pour la philosophie et l'histoire, le jeune substitut sut concilier les devoirs de sa charge avec ses goûts de travail indépendant et de recherche intellectuelle. C'est alors qu'il commença méthodiquement ces immenses accumulations de connaissances et de lectures, qui furent les assises de sa pensée et de ses ouvrages. Doué d'une prodigieuse mémoire, il pouvait, étant enfant, réciter en entier un livre de l'*Enéide* ; et il disait en 1818 à un vieil ecclésiastique, qui raconta le fait au grand chancelier de Sardaigne : « Croiriez-vous, M. le Curé, que je serais homme à vous réciter encore et sur l'heure ce même livre de l'*Enéide* aussi couramment qu'alors ! »

« Telle était, dit Sainte-Beuve, qui rappelle ce trait, la force d'empreinte de sa mémoire ; rien de ce qu'il y avait déposé et classé ne s'effaçait plus. Il avait coutume de comparer son cerveau à un vaste casier à tiroirs numérotés, qu'il tirait, selon le cours de la conversation, pour y puiser des souvenirs d'histoire, de poésie, de philologie et de sciences qui s'y trouvaient en réserve. »

Pour un homme d'intelligence ordinaire, la mémoire est déjà un précieux instrument de travail. Mais quelle ressource quand elle est au service d'une intelligence de génie, capable de tout embrasser, de voir les enchaînements, de classer les synthèses et les conclusions !

Couché tôt, levé à 4 heures du matin, Joseph de Maistre, au saut du lit, courait s'enfermer dans sa chère bibliothèque, dont il soignait amoureusement les livres, non pas en simple bibliophile, mais en érudit qui aime ce qu'ils contiennent et qui voit non seulement en eux des amis, mais des inspirateurs de travail. Il nous a lui-même donné des détails sur sa bibliothèque :

« Elle se compose, dit-il, dans son *Journal intime*, de 1400 volumes, à peu près (530 ou 540 articles) : — 101 volumes in-folio, 188 in-quarto, 137 in-octavo, 591 in-12, 44 in-16; j'ajoute 47 volumes pour faire le nombre rond et à cause de quelques articles oubliés.

« En estimant, l'un comprenant l'autre, l'in-folio à 10 livres, l'in-quarto à 6 livres, l'in-octavo à 4 livres, l'in-12 à 40 sols et l'in-16 à 30, la bibliothèque vaut environ 5200 livres. »

En 1791, Joseph de Maistre écrivait au bas la note suivante :

« Par testament du 6 mai 1777, ouvert au Sénat, le dimanche 28 août 1791, M. l'abbé Victor m'a légué sa bibliothèque, composée de 1132 volumes en 275 articles et en diminuant le tiers de la valeur de ces livres presque neufs, ils valent 3680 livres.

« En sorte, que, aujourd'hui, 24 septembre 1791, ma bibliothèque, composée de 2534 volumes, vaut 8880 livres. »

La puissance de travail de l'auteur des *Soirées*

était vraiment étonnante. Il travaillait quinze heures par jour. Littérature, érudition, histoire, jurisprudence, algèbre, langues vivantes, il menait tout de front, dépouillant les ouvrages et prenant des volumes de notes, qu'il classait et qu'il consultait plus tard.

Il dit lui-même au chevalier, dans le neuvième Entretien des *Soirées de Saint-Pétersbourg :*

« Vous voyez d'ici ces volumes immenses, couchés sur mon bureau ? C'est là que depuis plus de trente ans j'écris tout ce que mes lectures me présentent de plus frappant. Quelque fois je me borne à de simples indications ; d'autres fois, je transcris mot à mot des morceaux essentiels ; souvent je les accompagne de quelques notes et souvent aussi j'y place ces pensées du moment, ces illuminations soudaines qui s'éteignent sans fruit, si l'éclair n'est fixé par l'écriture. Porté par le tourbillon révolutionnaire en diverses contrées de l'Europe, jamais ces recueils ne m'ont abandonné, et, maintenant, vous ne sauriez croire avec quel plaisir je parcours cette immense collection. Chaque passage réveille en moi une foule d'idées intéressantes et de souvenirs mélancoliques, mille fois plus doux que ce que l'on est convenu d'appeler *plaisirs.* »

De Maistre avait commencé à l'âge de vingt ans ces énormes recueils qui comptaient en moyenne chacun six cents pages.

A ce propos, Descotes rappelle (1) que Mme Swetchine, qui reçut les confidences de J. de Maistre et qui mérita d'être nommée « sa fille aînée », a défendu le grand écrivain contre le reproche que lui adressait Lamartine de manquer de lecture. « Où donc, dit-elle, M. de Lamartine a-t-il pu prendre que M. de Maistre avait très peu lu? Je l'ai connu bien avant M. de Lamartine, et je l'ai vu pendant de longues années donner habituellement à l'étude douze ou quinze heures, dont la lecture prenait sa bonne part. Il lisait immensément ; les livres encombraient sa table et s'y succédaient. »

« Son inlassable curiosité, dit M. Latreille, le porta vers l'étude des langues, vers les mathématiques, mais surtout vers la philosophie religieuse ; il lisait les livres imprimés, les revues, les journaux, ne négligeait aucune source d'information, recueillait tout ce qui s'était dit et tout ce qui se disait. Il savait le français, l'italien, l'anglais, le russe, le latin, le grec et un peu d'allemand ; il pouvait donc évoluer sur un terrain considérablement étendu et se tenir au courant de la pensée européenne. »

Vivant dans un milieu jeune, cultivé et d'intelligence attentive, il est naturel que Joseph de Maistre ait, comme tous ses amis, accueilli avec

(1) *Joseph de Maistre avant la révolution.*

enthousiasme les idées généreuses mises en circulation en Europe par la guerre de l'Indépendance Américaine. La Révolution était proche. Certains écrits du grand philosophe catholique, datés de cette époque, nous montrent qu'il eut le goût des réformes et qu'il partagea les idées de son temps, revendications du tiers-état, égalité des droits, admission de tous les citoyens aux emplois et aux charges publiques. Non seulement de Maistre inclina d'abord vers des opinions fortement libérales, comme le prouvent plusieurs de ses conclusions juridiques, toujours défavorables aux prétentions du clergé et de la noblesse ; mais il fit même partie de la loge maçonnique des *Trois métiers*, et ce fut lui qui fut chargé de présenter les noms de ses collègues au roi du Piémont. Cette loge n'avait rien de dangereux ; ses membres étaient de naïfs philanthropes, la plupart très catholiques, qui n'eurent jamais la pensée de faire une opposition quelconque au gouvernement de leur pays. Il fallut le retentissement et l'importance que commençait à prendre la Révolution française pour que le roi pût voir d'un œil inquiet la réunion des membres de cette loge, qui, du reste, lui adressèrent eux-mêmes la promesse de ne plus s'assembler.

L'auteur du *Pape* ne tarda pas, d'ailleurs, à rompre tout lien avec la franc-maçonnerie et refusa plus tard, à Saint-Pétersbourg, de faire partie d'une loge maçonnique. « Les francs-maçons, écrivait-il en 1810, continuent ici *a furia*, comme tout ce qu'on fait dans ce pays. J'ai été invité à me rendre dans l'une de ces nouvelles loges ; mais, malgré l'envie que j'ai de savoir ce qui se fait là, j'ai refusé, toutes réflexions faites, par plusieurs raisons, dont je me contente de vous rapporter les deux principales. En premier lieu, j'ai su que l'empereur Alexandre ne s'est prêté qu'à regret à permettre ces assemblées. En second lieu, j'ai eu l'occasion de me convaincre que plusieurs personnes de mérite pensaient mal de cette association et la regardaient comme une machine révolutionnaire... Il m'en coûte beaucoup, je vous l'avoue, de ne pouvoir examiner de près ce qui se passe là... »

J. de Maistre nous apparaît, à cette époque, comme une sorte de Rousseau catholique et royaliste, dévoué à son prince et au bonheur du peuple, et qui ne comprend l'exercice du pouvoir qu'avec les garanties de la liberté. L'indépendance de ses idées commence à s'affirmer dans son *Discours sur la vertu*, prononcé au Sénat le 1er décembre 1777 et qui fit sensation. Descotes nous a éloquemment décrit la scène, en évoquant Joseph de Maistre en robe rouge, s'avançant au milieu des substituts, précédant le bataillon des soixante avocats, alors inscrits au barreau :

« Le barreau est là au complet, suprême refuge de la jeunesse bourgeoise dans sa résistance à l'invasion du fonctionnarisme piémontais. Le port de l'orateur est digne « sans afféterie » ; la taille est bien prise, le geste sobre ; la tête se relève fièrement sans affectation et sans air de bravoure. La main fine, aristocratique, porte l'anneau de docteur ; mais, ce qui frappe surtout, c'est le visage. Il laisse une impression de force, de hauteur, de dédain, — et pourtant de bonté. Une certaine tristesse résignée est répandue sur cette face léonine ; il y a en elle du Mirabeau sans la laideur des traits, sans le stigmate du vice. Le front large, puissant, olympien, est encadré d'une forêt de cheveux « fins comme la soie » et poudrés à frimas comme ceux d'une marquise. Le nez aquilin tombe sur la lèvre railleuse, empreinte d'une ironie mélancolique exempte de méchanceté. Le menton est solide, relevé, presque provocant ; la bouche large et « comme façonnée à plaisir pour l'éloquence ».

« Le regard très beau, voilé d'une brume légère, distrait souvent, a, au repos, quelque chose de vague, de caressant, d'incertain ; mais, sous le feu de l'action oratoire, il va s'animer d'une singulière vivacité, devenir fascinateur et faire passer l'âme de l'orateur dans celle de l'auditoire. Ecoutons cette apologie de la vertu, faite, à vingt-cinq ans, par celui dans lequel Mme Swetchine devait retrouver l'incarnation même de la « sagesse antique ».

« Je ne m'étonne point, s'écriait alors de Maistre dans ce *Discours sur la vertu*, si quelquefois Dieu se donne le plaisir de contempler la vertu aux prises avec l'infortune ; expression sublime, digne seule d'immortaliser un écrivain. Ne craignons point de le répéter : c'est un plaisir pour le Créateur de considérer les combats de la vertu. Quand il eut organisé la matière, les livres saints nous apprennent qu'il s'admira dans ses propres ouvrages. Ah ! puisque nous pouvons sans témérité lui prêter, en quelque manière, nos propres affections, livrons-nous à l'idée la plus consolante pour l'homme de bien ; oui, Messieurs, lorsque le Grand Etre, du haut de son trône immortel, daigne abaisser ses regards sur cette malheureuse terre habitée par l'erreur et le crime, lorsqu'il voit le chef-d'œuvre de ses mains, l'homme juste, en butte aux traits de la haine et de la calomnie, persécuté, flétri, insulté, sans amis, sans protecteurs, dénué de tout secours étranger, seul contre tous et n'opposant à ses ennemis que l'inébranlable fermeté de sa vertu, sans doute Il dit avec plus de complaisance que lorsqu'Il eut tiré les mondes du chaos : C'est moi qui l'ai créé. — Lors donc, Messieurs, qu'on viendra nous vanter en termes magnifiques ces magistrats merveilleux dont le génie, tout à la fois vaste et souple, sait se plier à tous les tons ; hommes à la mode et jurisconsultes éminents, courtisans déliés et philosophes intrépides, parcourant sans s'égarer le labyrinthe de l'intrigue, étouffant les cabales par des cabales et passant tour à tour, avec une égale aisance, du portique de Zénon au jardin d'Epicure ; Alcibiades dans le monde et Socrates sur les tribunaux, — nous ne répondrons à ces misérables éloges que par le sourire de la pitié !... »

Non seulement de Maistre se montrait orateur éloquent dans toutes les harangues qu'il eut à prononcer au tribunal ou au Sénat ; mais ses amis reconnaissaient déjà sa supériorité d'écrivain et mirent souvent à contribution les lumières de son talent. En 1779, ayant à prononcer le discours de rentrée à l'audience du 1er décembre, le chevalier Roze soumit son manuscrit à son ami Salteur et à de Maistre. Ils se réunirent tous les trois pour l'examiner. Le rapide récit que Descotes nous a donné de cette séance nous montre la rare et minutieuse compétence de Joseph de Maistre en matière de style et de correction littéraire. Expressions, répétitions, amphibologies, il remarque et signale tout avec une franchise amicale, qui ne surprend pas chez lui, mais qui fait aussi beaucoup d'honneur à ses amis.

Descostes a publié le cahier de ces corrections manuscrites. Elles forment un cours de composition et de style, auquel nous empruntons quelques exemples intéressants :

L'orateur, dans une période sonore, a introduit « l'air épuré du septentrion »...

— *Joseph de Maistre.* — « Nous mettrions

simplement « un air épuré ». Rolf et Compagnie trouveraient que vous faites trop d'honneur à l'*aria de Mezanotte* qui n'est pas le vent le plus sain dans tous les pays. »

— *Joseph de Maistre.* — « *L'esprit leur donne le mouvement à toutes...* » Cette phrase manque de noblesse.

« *Capitulation...* » Nous ne pensons pas que ce mot puisse s'employer, au moral, dans le *stile* noble... »

« *L'homme de passion...* » Cette expression ne nous semble pas française...

« *Passe de l'agitation la plus impétueuse... dans l'assoupissement*, etc... » On passe d'une chambre *dans* une autre ; mais on passe de la haine *à* l'amour, de l'agitation *à* l'assoupissement

L'orateur redoute, pour le magistrat, l'influence des passions qui pourraient lui ôter le calme dont il a besoin ; « car, on le sait, dit-il, lorsque les orages terribles qui bouleversent les flots ont cessé de souffler, longtemps le sein de la mer reste agité et le pilote fatigué n'est point encore maître de son gouvernail. »

— *Joseph de Maistre.* — « *Car on le sait...* etc. » Sur cette comparaison, nous avons deux observations à faire :

1° Pour passer à une comparaison qui tient de la poésie, il n'est pas permis d'employer une transition qui tient de la dissertation : « *car on sait...* » ;

2° Comme vous l'avez bien prévu, *rester* ne saurait rester. *Demeurer* irait mieux sans aller bien. Nous vous proposons : « *La mer frémit encore* », — ou quelque chose d'équivalent. »

L'orateur : « Combien d'hommes en cheveux gris baissent leurs mains tremblantes pour ramasser les hochets de l'enfance... »

— *Joseph de Maistre.* — « *Cheveux gris !* ... » Mettez vite : cheveux blancs... »

L'orateur : « Et qu'il est encore aisé, après avoir jugé, comme Salomon, dans la virilité de l'âge, d'abandonner comme lui, sur le déclin des ans, les voies de la sagesse pour ne les reprendre jamais !... »

— *Joseph de Maistre.* — « *Virilité de l'âge* ne se dit pas, non plus qu'*enfance de l'âge* et *vieillesse de l'âge ;* il faut *virilité* tout court. »

L'orateur : « Soumises à l'esprit, les passions vont devenir le germe du bien. Le cœur s'en empare-t-il ? Elles ne sont plus que l'instrument du mal. »

— *Joseph de Maistre.* — « Non pas, s'il vous plaît, à moins que le cœur ne soit mauvais. »

L'orateur : « Nous décorons l'indulgence coupable du nom touchant de commisération, et cette *incurie*, cette molle condescendance pour l'erreur n'est qu'égard pour le supérieur qui la défend. »

— *Joseph de Maistre.* — « *Incurie* n'est pas élégant, et ne dit pas, d'ailleurs, ce que vous voulez dire ; il signifie précisément *défaut de soins* et rien de plus. »

Le chevalier Roze dit à propos des défauts de caractère : « Cette branche gourmande que la serpe retrancherait sur un arbre vigoureux, un jardinier habile la conserve sur une plante délicate et peut-être servira-t-elle quelque jour à renouveler le sujet. »

— *Joseph de Maistre.* — « *Branche gourmande?...* » Nous osons vous assurer qu'il faut la couper : aucun terme technique ne doit paraître dans un ouvrage d'éloquence ; et si vous nous en croyez, vous retrancherez encore celui de *sujet* qui se trouve un peu plus bas ; néanmoins ce dernier terme peut, absolument parlant, appartenir au stile élevé, mais non pas *branche gourmande.* »

Le Chevalier vient de tracer le portrait du vrai magistrat : « *Tous, autour de lui,* demeurent circonspects et sensés. »

— *Joseph de Maistre.* — « Nous doutons que *tous* puisse se mettre absolument au pluriel, sans un substantif précédent auquel il se rapporte. Imaginez-vous un discours qui commencerait ainsi : *Tous conviennent, Messieurs,...* etc. »

« Devant le vrai magistrat, poursuit l'orateur, disparaissent et le libertinage des discours, sûr et funeste témoignage de celui des mœurs, et la frivolité érigée aujourd'hui en art, parce qu'elle sait faire de la séduction un badinage qui n'effarouche point la pudeur, et ce jargon bizarre qui sert d'aliment à la frivolité et dont le nom inconnu jusqu'à nos jours prophanerait ce lieu sacré : langage absurde qui dénature les expressions et corrompt la pureté de l'idiome en même temps qu'il se joue de tous les êtres et renverse toutes les notions... Le magistrat petit-maitre, s'il existait, serait un être monstrueux... »

— *Joseph de Maistre.* — « *Ce jargon... dont le nom prophanerait ce lieu sacré...*, etc. » Vous ne parleriez pas autrement de l'inceste, de l'adultère, ni même, je crois, de la sodomie : ce morceau, d'ailleurs, sera une énigme pour l'auditoire. — Tancez ce ridicule, si vous voulez, mais en passant, et sans le nommer ; car, dans une énumération, c'est une règle incontestable qu'il ne faut jamais s'appesantir sur une des choses énumérées, ni faire deviner à personne de quoi vous entendez parler. — « *Monstrueux* », qui se trouve un peu plus bas, ne vous semble-t-il pas encore un peu monstrueux ? Au surplus, sur ces minuties, nous nous en rapportons à votre oreille. — *Ibid.* « *Petit maître !* » dans une harangue, y pensez-vous ?

Roze fait un parallèle entre le bon et le mauvais magistrat : « Cet homme-là ne médite point... Faisons donc de la méditation notre occupation habituelle, notre élément, si je puis ainsi dire...

— *Joseph de Maistre.* — « *Cet homme-là* » nous semble tenir du stile familier. « *Si je puis ainsi dire* », — il faut : « *si je puis m'exprimer ainsi* » ; — cette dernière expression est plus noble. »

L'orateur, faisant allusion au secret des délibérations auquel est tenu le magistrat, dit que « la réflexion met une clé de circonspection sur sa bouche. »

— *Joseph de Maistre.* — « *Clé de circonspection* ne va pas ; et moins encore *mettre une clé.* Vous savez (pour égayer un peu nos observations) que *mettre* est un terrible verbe qu'il ne faut employer qu'avec prudence. Il serait d'ailleurs inutile de mettre une clé sur les lèvres ; il faudrait d'abord y placer une serrure et mettre la clé dans la serrure. — Vous ferez bien de changer cette phrase. »

Le Chevalier, signalant aux magistrats les faiblesses du cœur, s'écrie : « Pensez à ce qu'attendirent de vous ces hommes qui *placèrent* le sanctuaire de la justice *dans* vos âmes !... »

— *Joseph de Maistre.* — « On dit métaphysiquement que le cœur ou l'âme du magistrat *est* le sanctuaire de la justice ; mais on n'y *place* point un sanctuaire ; cette tournure n'est pas française. »

L'orateur jette un coup d'œil « sur la face de l'Europe ». Il se montre enthousiaste et très optimiste dans ses appréciations : « La guerre, l'affreuse guerre elle-même semble pouvoir justifier ses fureurs; le sang ne coule plus que pour la liberté des peuples et des mers. »

— *Joseph de Maistre.* — « On fait une action *à la face de l'Europe*, mais on jette un coup d'œil *sur l'Europe.* — (*ibid.*) — *La guerre, l'affreuse guerre* » — nous mettrions *la guerre* tout simplement.

« ....ambitiosa recidas
Ornamenta........... »

« D'ailleurs, l'idée qui suit n'est pas exacte, On ne combat, dites-vous, que pour la liberté, etc... Voyez la Russie, la Turquie, l'Autriche, la Prusse, etc. Mon cher, on se joue des peuples à présent comme autrefois.

« Delirant reges, plectuntur Archivi »

« Nous vous conseillons de dire en peu de mots (si vous voulez absolument parler de la guerre), qu'elle se fait de nos jours moins cruellement ; qu'au milieu du fracas des armes et des cris des mourants, l'humanité peut faire entendre sa voix... etc. »

Le chevalier Roze veut que le magistrat se livre à l'étude de l'histoire du droit, « *dès les tables des décemvirs, jusqu'aux immenses volumes des jurisconsultes.* »

— *Joseph de Maistre.* — « Dès les tables »

Dès sonne mal à l'oreille ; d'ailleurs il faudrait *depuis*. Tous les Savoyards et plusieurs Français confondent ces deux particules. Fréron relevait cette faute il n'y a pas longtemps : je crois que c'est dans la critique du dithyrambe. »

J. de Maistre, on le voit, était minutieux et très grammairien ; mais on constate dans toutes ces corrections une grande finesse d'esprit littéraire et un sentiment très vif du style français.

CHAPITRE II

Histoire d'une ascension en ballon. — Xavier de Maistre aéronaute. — Mariage de Joseph de Maistre. — Budget domestique. — Joseph de Maistre poète. — La Révolution française à Chambéry. — Séjour à Lausanne. — J. de Maistre et Mme de Staël. — Un auditeur qui s'endort.

Le goût de Joseph de Maistre pour l'éloquence et les belles-lettres ne le détournait pas des curiosités et des recherches scientifiques. La tentative de Montgolfier faisait grand bruit à cette époque, et les ascensions de ballons dits montgolfières passionnaient la curiosité publique. Une grande fête fut organisée à Chambéry. Une ascension des frères Montgolfier devait être, comme on dit aujourd'hui, le *clou* de la fête et ne pouvait manquer d'attirer une foule de curieux venus de tous les pays environnants. On forma un comité, et Joseph de Maistre fut chargé de rédiger le prospectus-réclame de ces originales réjouissances. Ce prospectus est curieux à relire aujourd'hui.

« Considéré seulement du côté du spectacle, disait de Maistre dans ce prospectus, quel autre peut être comparé à celui du grand aérostat qui s'élève et vole majestueuement, chargé de plusieurs voyageurs? L'homme est affamé de sensations vives : eh bien ! nous en préparons au public, d'un genre inconnu jusqu'à nos jours ; et si l'on joint à l'intérêt naturel de la chose, une foule d'agréments qui en seront la suite et qu'il est aisé de pressentir, on conviendra que le jour de l'expérience devra être écrit au nombre de ceux où l'art aura su le mieux amuser notre existence. »

« C'est surtout aux dames que nous consacrons cette entreprise : c'est elles que nous assurons des précautions scrupuleuses que nous avons prises pour que le plaisir de l'expérience ne puisse être acheté par un malheur, pas même par le plus léger inconvénient. Nous pouvons les assurer que l'expérience aérostatique, exécutée avec prudence, n'entraîne aucun danger ; qu'elle n'effraye que les yeux et que, quand un sylphe malfaisant viendrait dans les airs renverser le réchaud, le ballon aurait toujours un parasol de 55 pieds de diamètre qui nous ramènerait les voyageurs sains et saufs. »

« Mais, comme il est important de prendre des précautions d'avance contre un excès de sensibilité aussi honorable pour nos dames qu'il serait décourageant pour les navigateurs aériens, nous les invitons à jeter de temps en temps un coup d'œil sur nos travaux, dont la partie la plus essentielle ne saurait avoir de meilleurs juges. Puisqu'elles savent encore allier aux qualités qui font les délices des cercles, toutes celles de la *femme forte*, nous ne leur parlerons point une langue inconnue en les priant de venir admirer la force de notre *toile écrue ;* l'égalité et le mordant des différents *points de couture ;* la rondeur des *ourlets* et nos immenses fuseaux assemblés à *surgets*, jetant au dehors deux vastes *remplis* qui vont s'unir pour recevoir et fixer sous une couture *rabattue* des cordes robustes, fières de supporter cette galerie triomphale, d'où l'homme, perdu dans les nues, contemple d'un seul regard tous les êtres dont son génie l'a fait roi. »

« Après tant de précautions, continue-t-il, nous avons droit d'attendre que le voyage aérien ne causera à nos dames que cette douce émotion qui peut encore embellir la beauté ; ainsi nous ne voulons absolument ni cris, ni vapeurs, ni évanouissements : ces signes de terreur, quoique mal fondés, troubleraient cruellement de galants physiciens ; et les trois voyageurs, qui ne manqueront point, en quittant la terre, d'avoir encore l'œil sur ce qu'elle possède de plus intéressant, seraient inconsolables si leurs trois lunettes *achromatiques*, braquées sur l'enclos, venaient à découvrir quelque joli visage en contraction.

« Les modernes *Astolphes*, armés comme l'ancien, mais pour tout un autre usage, d'un bruyant cornet, l'emboucheront en prenant congé des humains, pour crier, d'une voix ferme et retentissante : « Honneur aux dames ! » — Mais ils se flattent un peu que cette formule des anciens tournois amènera la douce cérémonie qui terminait ces brillantes fêtes et qu'à leur retour sur terre, on ne leur refusera point l'*accolade.* »

Cette ascension si impatiemment attendue devait avoir lieu le 22 avril 1784. La foule était énorme. Le ballon s'éleva un moment, puis retomba, et ce fut fini. Le lendemain cet insuccès devint l'objet des plaisanteries générales, on publia des brochures ; on raillait la tentative et ce malheureux prospectus qui avait promis monts et merveilles. Voici comment la satire racontait l'événement :

« Le ballon, qui s'était enflé de bonne grâce le matin à onze heures, promettait, malgré plusieurs vices dans sa construction et ses accessoires, un heureux succès pour l'après-midi. Le temps était calme, le ciel couvert ; point de soleil, nulle apparence de pluie. Les vœux empressés des spectateurs hâtaient le départ du ballon. On l'apprête, on le chauffe et le réchauffe. Les voyageurs courageux enjambent la galerie ; mais, aussi rétif qu'un cheval poussif et revêche, il s'obstine à ne pas bouger et demeure immobile. Enfin, à force de le rôtir et de le bourrer de fagots,

LA CATHÉDRALE DE CHAMBÉRY.

p. 35-36

il se traine avec peine, avec l'aide de cent bras, sur les bords de l'estrade. A peine ce soutien lui a-t-il manqué, qu'au lieu de s'élever, il s'est prosterné humblement contre terre. Cependant, par un mouvement convulsif, près de son agonie, au moment où il allait frapper le gazon, il s'est soulevé assez haut pour faire la cabriole et tourner en moulinet sur lui-même... »

Les malheureux aéronautes ne se tinrent pas pour battus. Le 6 mai 1784, ils recommencèrent leur expérience, et cette fois le ballon s'éleva solennellement dans les airs, emportant dans sa nacelle Xavier de Maistre et Louis Brun, l'organisateur. Le succès fut complet, l'ascension émouvante. Ce n'était pas une chose insignifiante qu'une pareille tentative, et il fallait un certain courage pour prendre place dans une nacelle suspendue à une simple montgolfière, c'est-à-dire à un ballon seulement gonflé de fumée et d'air chaud, qui s'échappaient d'un feu de bois activement entretenu par les deux voyageurs. Le manque de combustible abrégea d une façon imprévue leur navigation aérienne. Ils avaient emporté trop peu de bois ; le feu se ralentit.

Voici le récit de Xavier de Maistre, que nous trouvons dans Descotes :

« Comme il faut toujours que, dans ces sortes d'occasions, on commette quelque faute par défaut d'expérience, on s'était trompé sur la quantité des combustibles nécessaires : 180 livres de bois paraissaient une provision suffisante. On était dans l'erreur, et cette erreur a rendu l'expérience beaucoup moins brillante.

« D'abord les voyageurs s'amusèrent à faire la conversation et à contempler la beauté du spectacle qu'ils avaient sous les yeux. Durant cet accès d'admiration, le feu déclinait et le ballon baissait ; on crut même dans l'enclos qu'il allait toucher terre ; mais les voyageurs, s'apercevant qu'ils avaient baissé, ranimèrent le feu, et bientôt on les vit se relever. La plus haute ascension, marquée par les observateurs, fut de 506 toises ; néanmoins (tout orgueil à part), les Argonautes aériens ont quelque doute sur cette estimation. Assurément, rien n'égale la haute considération dont ils font profession pour les *graphomètres* et pour les tables des *sinus ;* mais quand ils songent que les signaux dont ils étaient convenus pour marquer l'instant où ils voulaient être lorgnés, n'ont point été aperçus ; que l'un des observateurs s'est vu forcé par les circonstances d'observer presque perpendiculairement dans une position embarrassante; quand ils se rappellent qu'ils ont vu au-dessous d'eux la dent de Nivolet, celle de Granier et le roc de Chaffardon, ils croient (en attendant qu'on ait mesuré ces montagnes), s'être élevés au delà de 506 *toises*. Le baromètre ne pouvait décider cette question. « Faites seulement vos observations, dit le chevalier Maistre à M. Brun, je me charge du feu. » — « Bon ! dit ce dernier, j'ai cassé mon baromètre. » (On n'en avait embarqué qu'un ; n'en dites rien, au nom de Dieu !) — « Et moi, reprit son compagnon, je viens de casser le manche de ma fourche ! »

« Furieux de se voir forcés de toucher terre avec un ballon parfaitement sain, les voyageurs brûlèrent tout ce qu'ils pouvaient brûler. Ils avaient une quantité considérable de boules de papier imbibé d'huile, beaucoup d'esprit de vin, de chiffons, un grand nombre d'éponges, deux corbeilles contenant le papier, deux seaux dont ils versèrent l'eau : tout fut jeté dans le foyer. Cependant, le ballon ne put se soutenir en l'air au delà de vingt-cinq minutes et il alla tomber à la tête du marais de Challes, à une demi-lieue en droite ligne de l'endroit du départ, mais après avoir éprouvé dans son cours deux ou trois déviations assez considérables. »

Telle fut l'histoire de cette fameuse ascension de Chambéry. Les aéronautes furent ramenés en voiture, et il y eut un grand banquet chez le gouverneur.

C'est vers cette époque que Joseph de Maistre songea à se marier ; il y songea, comme toujours, en chrétien, avec la gravité d'un homme qui connaît l'importance d'un pareil engagement. Il ne chercha ni les qualités mondaines, ni l'instruction, ni l'éclat extérieur. Comme il le dit dans ses lettres, il choisit une jeune fille bonne, dévouée, pratique, une compagne prête à prendre la vie au sérieux, qui fût sa force et son soutien dans les épreuves qu'il prévoyait. Françoise-Marguerite de Morand lui parut réaliser cet idéal. Reçu dans la famille, Joseph de Maistre eut pendant sept ans le loisir d'étudier et d'aimer la jeune fille, qui, de son côté, éprouva la même inclination pour lui et ne se fit pas violence pour consentir au mariage. Elle avait vingt-sept ans. « Je suis, écrivait-il, la première et l'unique inclination de la femme que j'épouse ; c'est un grand bien qu'il ne faut pas laisser échapper ; mon occupation de tous les instants sera d'imaginer tous les moyens possibles de me rendre agréable et nécessaire à ma compagne, afin d'avoir tous les jours devant mes yeux un être heureux par moi. Si quelque chose ressemble à ce qu'on peut imaginer du Ciel, c'est cela !... »

Les cruautés de la fortune, la vie d'absence et de séparation, rien ne devait altérer la paix et le bonheur de cette union entre deux époux qui se ressemblaient par les hautes qualités de cœur, mais dont les caractères n'avaient à peu près rien de commun. De Maistre vivait en poète et en rêveur, sans jamais rien prévoir, toujours surpris par la trahison des choses ou l'infidélité des hommes. Sa femme était l'âme du ménage, méthodique, pratique, prévoyante, réfléchie, « son supplément », comme il disait. Et réellement ils se complétaient. Les lettres de Joseph de Maistre prouvent combien il se sentait inférieur et mal armé pour la vie réelle et domestique, et combien il appréciait la tournure d'esprit et les vertus familiales de sa femme.

Ce fut, le 17 septembre 1786, un beau mariage, qui mit en rumeur la curiosité publique. Le vieux président, père de Joseph, vivait encore ; il était âgé de quatre-vingts ans et il eut la consolation de voir ses filles et ses deux fils, Xavier et Nicolas, accompagner les nouveaux époux.

A propos de ce mariage, Descotes a fait un bilan exact de la situation de fortune de la famille Maistre. En vivant ensemble et en mettant tout en commun, même les revenus de la dot de Mme Joseph de Maistre, ils arrivaient à peine à la somme de 12.430 livres de rente. Joseph touchait 1.200 francs d'appointements comme sénateur et son père 3.000 fr., comme président et 4.800 pour d'autres titres (pension, casuel, etc.). Ce n'était pas une bien grosse fortune pour toute une famille, même vivant dans une seule maison.

J. de Maistre eut trois enfants, une fille, Adèle, née en 1787, un fils, le comte Rodolphe, né en 1789, et une autre fille née en 1793.

Joseph de Maistre fréquentait le monde, la « société » de Chambéry, où ses manières, son érudition et son esprit lui faisaient une situation exceptionnelle. Il aimait le rire, la conversation et les fêtes et ne détestait que la musique, pour laquelle il éprouvait une horreur qu'il ne prenait pas toujours la peine de dissimuler. « La musique m'assassine, disait-il. Je ne puis entendre un clavecin sans que toutes les touches frappent sur mon cœur, et souvent je le dis. »

Joseph de Maistre était aussi poète à ses heures. Descotes nous a donné le texte d'une pièce de vers impromptue qu'il accepta de faire, un soir, séance tenante, sur des rimes exclusivement en *ac*, en *ec*, en *ic*, en *oc* et en *uc*. En voici quelques extraits :

Je liais les dés, les cartes, le trictrac ;
Je ne bois jamais de scubac (wisky)
De punch ni de r*ac*...
Je ne fais point ma cour à Berge*ac*
Et pour grossir mon s*ac*
Je ne fais nul mic-m*ac* ;
Je n'ai d'horloge et d'alman*ac*
Que mon seul estom*ac*...

Je suis épris de la charmante Iss*ec*
Et je trouve son joli b*ec*
Plus frais que le sorb...*ec* :
J'irais pour elle à la M*ecque* ;
Elle eût rendu fou Sén*èque*
D'un salamal*ec* ;
J'aime mieux chez elle un hareng-p*ec*,
Même du pain tout s*ec*,
Que perdrix ni vin gr*ec* ;
O mort, si tu lui donnes éch*ec*,
Viens m'enlever av*ec* !...

Je suis charmé quand je suis en pic-*nic* :
On est libre, c'est là le *hic*,
En payant ric-à-*ric* ;
Je fais quelques vers ly*riques*,
Mais jamais de saty*riques*,
Ce n'est pas mon *tic*.
Je crains moins la langue d'un asp*ic*,
Les yeux d'un basil*ic*
Que le blâme publ*ic* ;
Je ne fais nul honteux traf*ic*,
Je vis dans mon distr*ic*...

Je ne voudrais pas pour l'or du monde en bl*oc*,
Le sort m'eût-il réduit au s*oc*,
D'aucun bien être escr*oc* :
D'un ami, rien ne me ch*oque* :
S'il me raille je m'en m*oque*,
Sans livrer de ch*oc*...

Je hais les eaux de Forges, Balar*uc* ;
Je ne porte point chez Bold*uc*
D'ordonnance d'Astr*uc* ;
Je voudrais sous ma perr*uque*
Porter cautère à la n*uque*
Dussè-je être d*uc* !
Quand de son corps on fait un acqued*uc*,
On est bientôt cad*uc*,
Fût-on plus fort qu'Heyd*uc* :
Mais le vin est, selon saint L*uc*,
De tous le meilleur s*uc*.

Joseph de Maistre n'était pas poète ; mais il savait versifier ; les bouts-rimés lui plaisaient et aussi les petites strophes courtes, comme ces vers qu'il adressa plus tard à la princesse Narischkine, avec le portrait qu'elle lui avait demandé :

> Lorsqu'étant vieux et sot, il valait moins que rien,
> On lui demanda sa figure.
> Et qui? Dame importante et qui s'y connaît bien :
> D'honneur, c'est presque une aventure.

Voici encore un quatrain qu'il envoya à Mme Swetchine avec un autre de ses portraits fait au crayon :

> Docile à l'appel plein de grâce
> De l'amitié qui vous attend,
> Volez, image, et prenez place
> Où l'original se plaît tant.

Le futur auteur des *Soirées* vivait paisiblement à Chambéry, adorant sa femme, aimé d'elle, entouré de sa famille, partageant son temps entre ses devoirs de magistrat et ses chères études, quand la guerre éclata. Le 22 septembre 1792, les Français passèrent les Alpes. Le 18, le Sénat avait été convoqué d'urgence pour enregistrer un édit royal, autorisant une émission de quatre millions de billets. C'était une mesure grave, que justifiaient peut-être les circonstances, mais qui pouvait compromettre le bon renom de l'Etat, la confiance et le crédit public. De Maistre ne refusa pas de voter cette décision, mais, toujours fidèle à ses principes d'indépendance politique, il prit la parole et conclut l'enregistrement de l'édit, avec *remontrances.*

« J'ai dit, concluait-il, que le Gouvernement mettait son existence sur une carte, que, dans les circonstances où l'on se trouve, je ne demandais point de résistance avant l'enregistrement, mais qu'on pouvait enregistrer et remontrer, pour remplir notre devoir sans effaroucher l'autorité. — J'ai demandé qu'au moins Monsieur le Premier Président accompagnât l'édit d'une lettre par laquelle il dirait au ministre que nous avions enregistré purement et simplement, parce qu'il ne paraissait pas qu'on voulût aucune remontrance ; mais que nous entendions nous décharger absolument des suites funestes que devait avoir l'édit, suivant toutes les apparences. »

Déjà gagnée aux idées républicaines, la Savoie accueillit plutôt avec sympathie les armées françaises, commandées par le général Montesquiou, qui fit son entrée sous coup férir dans Chambéry, après avoir coupé en deux l'armée piémontaise. Le syndic apporte les clefs de la ville au vainqueur. Le Sénat lui-même fait acte de soumission, et les habitants acceptent sans répugnance la Révolution, qui vient prêcher la liberté par la force des baïonnettes, et qui a la prétention de les délivrer, après les avoir vaincus. Fidèle par tradition et par naissance aux principes monarchiques héréditaires, Joseph de

Maistre, ne pouvait renier ses convictions son pays et son roi. Il n'hésita pas à sacrifier son repos et sa fortune ; il quitta Chambéry avec sa femme et ses enfants et partit pour la cité d'Aoste, où il se trouvait pendant l'hiver de 1793, quand fut édictée la loi des Allobroges, portant confiscation des biens de tous les émigrés qui ne seraient pas rentrés avant le 25 janvier. De Maistre se consolait de la perte de ses biens ; mais sa femme, qui songeait à ses enfants, n'en prit pas aussi facilement son parti. Dans l'espoir d'en sauver quelque chose, elle profita d'un voyage que son mari fit à Turin et partit sans le prévenir pour Chambéry. Le comte Rodolphe nous a laissé l'émouvant récit de ce périlleux voyage pour une femme alors au neuvième mois de sa grossesse.

« Elle traversa le grand Saint-Bernard le 5 janvier, à dos de mulet, accompagnée de ses deux petits enfants, qu'on portait enveloppés dans des couvertures. Le comte de Maistre, de retour à la cité d'Aoste deux ou trois jours après, courut sans retard sur les pas de cette femme courageuse, tremblant de la trouver morte ou mourante dans quelque chétive cabane des Alpes. Elle arriva cependant à Chambéry, où le comte de Maistre la suivit de près.

« Il fut obligé de se présenter à la municipalité, mais il refusa toute espèce de serment, toute promesse même ; le procureur syndic lui présenta

Les malheureuses marmottes
n'ayant pu fermer l'œil
depuis l'annexion de la Savoie.

(p. 334)

le livre où s'inscrivaient tous les citoyens actifs, il refusa d'écrire son nom ; et, lorsqu'on lui demanda la contribution volontaire qui se payait alors *pour la guerre*, il répondit franchement : « Je ne donne point d'argent pour faire tuer mes « frères qui servent le roi de Sardaigne. » Bientôt on vint faire chez lui une visite domiciliaire ; quinze soldats entrèrent, les armes hautes, accompagnant cette invasion de la brutale phraséologie révolutionnaire, de coups de crosse sur les parquets, et de jurons patriotiques. Madame de Maistre accourt au bruit, elle s'effraie : sur-le-champ, les douleurs la saisissent, et le lendemain, après un travail alarmant, M. de Maistre vit naître son troisième enfant, qu'il ne devait connaître qu'en 1814. »

L'inflexible patriote, dont les hautes et sûres prédictions devaient étonner Bonaparte lisant sa correspondance à Venise, quitta de nouveau, définitivement cette fois et sans regret, ses biens, sa maison et son pays, pour aller se fixer à Lausanne, où sa femme, son fils et sa fille aînée vinrent le rejoindre.

« Avant l'émigration française, dit Albert Blanc, Lausanne était le lieu de plaisance d'une société brillante, dont le médecin Tissot avec ses malades avait formé le noyau. On y voyait l'abbé Raynal, qui criait en causant et se fâchait en discutant, et qui faisait alors profession de bienfaisance, après avoir été encyclopédiste et ami de Diderot ; le prince de Ligne, favori de Marie-Thérèse et de Catherine II, qui venait de Bruxelles chaque année avec Mme la princesse pour jouer la comédie au bord du lac avec Casanova pour régisseur ; l'abbé de Bourbon, fils naturel de Louis XV ; le fameux Haller, les Necker, avec leur ambassadrice déjà célèbre, et le trop laid Gibbon, qui prêtait sa belle terrasse pour la conversation à tout ce monde et à quelques autres personnages singuliers... En 1789, le voisinage, la communauté de langue, les mœurs douces et libres du pays y attirèrent les émigrés, et ce petit monde changea de physionomie. »

Joseph de Maistre habita Lausanne pendant quatre ans et employa les loisirs de son exil à écrire les *Considérations sur la France*, qui ne parurent qu'en 1796, les *Lettres d'un royaliste Savoisien*, l'*Adresse des émigrés à la Convention* et divers travaux restés inachevés. C'est à Lausanne qu'il connut l'historien Gibbon, Necker et Mme de Staël, qui fut pour lui un objet de curiosité et dont il parle souvent dans ses lettres sur un ton assez jovial. « Nous avons, dit-il, donné en Suisse des scènes à mourir de rire, cependant sans nous brouiller jamais. » Il faut savoir gré à Joseph de Maistre de sa discrétion. Mme de Staël et lui étaient si peu faits pour s'entendre ; un tel abîme séparait leurs idées et leurs sentiments, qu'on peut se demander comment ils purent causer ensemble une minute sans se trouver réciproquement insupportables. L'un était tout passion, l'autre tout raison, et c'est peut-être bien ce qui explique leur entente. Il suffisait de laisser causer Mme de Staël pour mériter ses sympathies ; et de Maistre, comme Montesquieu, était homme à laisser volontiers aux autres l'honneur de la conversation.

Joseph de Maistre a jugé Mme de Staël en quelques mots : « Je ne connais pas, a-t-il dit, de tête aussi complètement *pervertie ;* c'est l'opération infaillible de la philosophie moderne sur toute femme quelconque ; mais le cœur n'est pas mauvais du tout : à cet égard on lui a fait tort; quant à l'esprit, elle en a prodigieusement, surtout lorsqu'elle ne cherche pas à en avoir... Son père, qui vivait alors, était parent et ami de gens que j'aime de tout mon cœur et que, pour tout au monde, je n'aurais pas voulu chagriner. Je laissais donc crier les émigrés qui nous entouraient, sans jamais vouloir tirer l'épée. On me sut gré de cette modération, de manière qu'il y a toujours eu entre cette famille et moi paix et amitié, malgré la différence des bannières. Si vous entretenez quelque correspondance avec la belle dame, je vous prie de la remercier de son souvenir et de l'assurer du mien. (Ah ! pour cela je ne mens pas ! »)

On le voit : dans la vie privée, chaque fois qu'il est question de relations, d'amitié ou de savoir-vivre, Joseph de Maistre est le contraire d'un sectaire. La différence des idées et des opinions n'a jamais influencé les sentiments du grand philosophe chrétien, si intransigeant dans la doctrine.

On conçoit l'effarement que dut causer à Mme de Staël un mot que de Maistre lui aurait dit, s'il faut en croire Sainte-Beuve, dans une visite faite par l'illustre femme à Saint-Pétersbourg : « Eh bien, oui, Madame, je conviendrai que l'Eglise anglicane est parmi les Eglises protestantes ce qu'est l'orang-outang parmi les singes. » La boutade est assez dans la manière de Joseph de Maistre, qui n'arrivait pas à admettre que les protestants fussent vraiment des chrétiens, ce qui ne l'empêcha pas d'écrire. sur eux ces lignes remarquables : « Nous seuls croyons *à la parole*, tandis que nos chers ennemis s'obstinent à ne croire qu'à l'écriture. Si la parole éternellement vivante ne vivifie l'écriture, jamais celle-ci ne deviendra parole, c'est-à-dire *vie*. Que d'autres invoquent donc tant qu'il leur plaira la *parole muette*, nous rirons en paix de ce faux dieu, attendant toujours avec une tendre impatience le moment où ses partisans détrompés se jetteront dans nos bras, ouverts bientôt depuis trois siècles. »

Nature d'imagination et de sensibilité, Mme de Staël, dont le verbiage avait choqué Goethe et Schiller, devait souverainement déplaire à un

Mme DE STAEL.

p. 48-49

homme comme de Maistre, esprit droit, de toutes pièces, montagnard intellectuel et physique, qui n'était dupe d'aucun mirage philosophique, et qui méprisait comme un enfantillage les idées sentimentales de Rousseau et toutes les vaines théories politiques du XVIIIe siècle.

Ce n'est pas à Coppet, où elle invitait les habitués de son salon de Paris, mais dans la maison de campagne de Necker que Joseph de Maistre connut Mme de Staël. Albert Blanc, dans son ouvrage si documenté (1), raconte que l'auteur des *Considérations sur la France* rencontra aussi chez elle le jeune Benjamin Constant, que Mme de Staël devant traîner avec elle en Allemagne et avec qui elle eut, on le sait, une liaison retentissante. L'auteur d'*Adolphe* déplut à l'auteur des *Soirées.* « Il paraît manquer de virilité, disait-il, au moins dans ses livres. » Quant à Mme de Staël, de Maistre était d'avis que l'admiration qu'on lui prodiguait avait gâté cette belle intelligence.

Au sujet des relations de Joseph de Maistre avec Mme de Staël, Albert Blanc rappelle une anecdote assez oubliée aujourd'hui, mais qui fit du bruit dans son temps.

« Un certain soir, à la villa Necker, Corinne, se croyant au Capitole, posa en muse, en déesse ; puis, ce qui était pis, en philosophe ; elle eut

(1) *Mémoires diplomatiques et correspondance politique de Joseph de Maistre*, 1 vol. in-8.

du bel esprit à faire crever de dépit Cathos et Madelon. M. de Maistre s'endormit. Cet accident devenu historique a défrayé de superbes pages de critique française. S'endormir en écoutant Mme de Staël, c'était bien d'un Savoyard. Des Français bien avisés l'ont vengée en écrivant plus tard, dans les *Biographies nouvelles des contemporains*, que « les *Soirées de Saint-Pétersbourg*, ouvrage fort vanté par les ennemis de la philosophie, sont maintenant oubliées. » Maintenant, en 1821 (époque de leur apparition) ! L'ouvrage est signé par MM. de Jouy, Arnault, A. Jay, tous, je crois, membres à divers degrés de l'Institut de France.

« Pour en revenir au fatal sommeil qui a failli faire prendre Joseph de Maistre pour un sot, il est bon de remarquer que le premier consul, qui se moqua si vertement de cette faiseuse de livres, et Byron, Sheridan, Schiller qui la trouvaient insupportable, auraient, selon toute probabilité, félicité le dormeur de l'emploi qu'il avait fait de sa soirée. M. de Maistre ne jugeait pas alors Mme de Staël aussi sévèrement qu'il le fit depuis, lorsqu'elle eut publié ses *Considérations sur la Révolution française*, livre traité par lui de *guenille brillante.* »

Si, comme on l'a dit, le sommeil est une opinion, on peut se figurer l'indignation profonde que dut éprouver Mme de Staël, grande accapareuse d'attention, devant la brusque somnolence de Joseph de Maistre. Bien qu'homme du monde et diplomate avisé, Joseph de Maistre était à peu près incapable de dissimuler ses sentiments, quand ils étaient sincères. Il le reconnaissait lui-même : « Croyez-vous, disait-il, que je ne sache pas que je bâille quand on m'ennuie? » Ce soir-là il avait fait plus que bâiller.

Il faut constater, pour être juste, que Mme de Staël a toujours hautement reconnu le génie de l'auteur des *Soirées*.

« C'était dans l'abandon des intimes entretiens de Lausanne et de Coppet, dit M. de Villeneuve, que le comte de Maistre préludait aux hautes théories qui devaient enrichir ses écrits, Tout en les combattant, Mme de Staël se plaisait à répéter dans le cercle de ses amis qu'il n'y avait en Europe que quatre hommes politiques: M. Necker, M. Pitt, le comte de Maistre et l'avoyer Steiger. L'écho de ces entretiens avait préparé les esprits, et parmi les modernes interprètes de la vérité, nul peut-être ne parut avec plus d'éclat que le comte de Maistre, et le premier jet de sa plume fut l'éclair d'un génie aussi méditatif que brillant, aussi sincère dans sa judicieuse critique qu'entraînant par l'énergie du style. »

CHAPITRE III

Les « Considérations sur la France. » — Un jugement de Villemain. — Le voyage à Venise. — J. de Maistre régent de la grande chancellerie en Sardaigne. — Comment il comprenait la justice. — Lettres à sa fille. — J. de Maistre à Saint-Pétersbourg. — Un ambassadeur pauvre. — Détresses et misères de la vie de cour.

« De Maistre avait assisté de loin, dit Albert Blanc, à la décadence et à la chute de la royauté sarde. Chassé de Chambéry par la tourmente révolutionnaire et par l'occupation française, il avait dû quitter les siens et s'était réfugié à Lausanne. Il reste là cinq ans, dans l'impuissance de jouer un rôle politique quelconque. On ne peut guère attacher d'importance à la mission dont le chargea Victor-Amédée III et qui se bornait à donner des renseignements sur ce qui se passait en Suisse et même en France; l'ambassadeur sarde auprès du gouvernement helvétique était le baron Vignet des Etoles, résidant à Berne. Les agents français en Suisse ne semblent guère avoir pris au sérieux les fonctions de Joseph de Maitre.

L'un d'eux, M. de Venet, raille assez plaisamment ses efforts pour jouer à l'ambassadeur de grande puissance, dans la pauvre cuisine qui lui servait de salle d'audience. Peut-être, à vrai dire, ses rapports ont-ils donné dès cette époque aux bureaux sardes une haute opinion de son intelligence politique et ont-ils préparé son entrée dans la carrière diplomatique. Incontestablement il ne se bornait pas, comme le dit malignement M. de Venet, à copier des articles du *Moniteur* pour les envoyer au roi son maître. Il regardait avec angoisse, mais aussi avec une grande largeur d'esprit, la marche fatale de la Révolution, et il écrivait son grand ouvrage de philosophie politique, les *Considérations sur la France*, qui témoigne d'une extraordinaire sûreté d'observation, d'une remarquable intelligence des événements. »

C'est dans ce fameux ouvrage que la Révolution française est jugée et expliquée avec tant de clairovyance, et où le retour des Bourbons est prédit avec tant de certitude. « L'impression que fit ce livre au moment où il parut, fut vive, dit Sainte-Beuve ; mais sa grande explosion n'eut lieu que vingt ans plus tard, lorsque les événements en eurent vérifié les points les plus mémorables. »

Mallet du Pan fut l'éditeur de cette œuvre. « Le hasard, disait-il dans son *Avertissement au public*, a fait tomber entre nos mains le manuscrit de l'ouvrage qu'on va lire. Son auteur nous

M. Villemain.

est inconnu ; mais nous savons qu'il n'est point Français : on s'en apercevra à la lecture de ce livre. Trop d'étrangers, sans doute, surtout en Allemagne, se sont mêlés et se mêlent encore de juger la Révolution, ses causes, sa nature, ses acteurs et ses suites, d'après la lecture de quelques papiers publics. On ne doit point confondre ce fatras avec l'ouvrage ingénieux et instructif que nous publions.

« Sans adopter toutes les vues de l'auteur ; sans approuver quelques-unes de ses idées qui semblent approcher du paradoxe ;... on ne lui disputera ni une grande instruction, ni l'art de la mettre en œuvre, ni des principes d'une incontestable vérité.

« Il paraît que ce manuscrit, chargé de ratures, n'a pas été revu par l'auteur, et que son travail est incomplet : de là quelques négligences de diction, quelques incohérences, et une précision quelquefois trop sèche dans certains raisonnements trop affirmatifs. Mais ces imperfections sont rachetées par l'originalité du style, par la force et la justesse des expressions, par nombre de morceaux dignes des meilleurs écrivains, et où une grande étendue d'esprit s'unit à cette pénétration vive et lumineuse, qui au milieu des nuages de la politique polémique, montre des routes et des résultats nouveaux.

« Puisse ce travail être médité par les Français ! il serait pour eux un meilleur guide que cette métaphysique subalterne, absorbée dans le moment qui court, égarée dans les analyses chimériques, et qui croit conduire ou prédire les événements, lorsque les événements l'entraînent à leur suite, sans qu'elle ait même l'esprit de s'en apercevoir. »

Villemain a jugé les *Considérations sur la France* avec une partialité qui prouve une ignorance impardonnable. Il appelle Maistre « un noble piémontais, qui s'était habitué à la forme de royauté du Piémont », et qui prophétisait « avec la clairvoyance de la haine les crimes futurs ».

A. de Margerie (1) a relevé ces légèretés mensongères : « Premièrement, M. de Maistre n'était point un noble piémontais, mais un noble savoisien, chose fort différente. Secondement, le gouvernement de la Savoie ne ressemblait à rien à celui du Piémont, bien que les deux contrées fussent réunies sous la même couronne. Celui-ci était un régime militaire ; celui-là était un patriarcat féodal. Troisièmement, il n'est pas vrai que M. de Maistre se fût habitué de bonne heure à la forme piémontaise de la royauté. Tout au contraire, cette forme, qu'il appelle de son nom le *gouvernement militaire* blessait au plus haut point ses habitudes et ses principes de magistrat. Et

(1) *Le comte Joseph de Maistre, sa vie, ses écrits, ses doctrines*, 1 vol. in-18.

lorsque la coalition de 1805 rendit un moment au roi de Sardaigne, dépouillé par Napoléon Ier, l'espoir de recouvrer ses Etats continentaux, le comte de Maistre le pressa par une lettre très vive de rassurer ses sujets contre le retour de ce régime « qui autorise un jeune étourdi échappé de l'Académie à faire donner de son chef la bastonnade à un homme ». Il atteste que le gouvernement militaire « est redouté à un point qu'on ne peut exprimer » ; et pour dernier trait il condense les répugnances générales et les siennes dans ce mot qu'il rapporte « en propres paroles » : « Donnez-nous à qui vous voudrez, même au Sophi de Perse ; mais délivrez-nous des majors de place piémontais. »

Tout ce que M. Villemain dit des *Considérations* est aussi fantaisiste. Ce livre n'a point été publié en 1792 avant la Terreur, mais en 1796 après la Terreur. Maistre ne calcule pas les crimes *futurs*, mais juge les crimes passés. Il ne prophétise pas les catastrophes avec la clairvoyance de la haine ; il espère, il annonce, il prêche surtout avec la chaleur de l'amour la restauration sociale et politique de la France par le rétablissement de sa royauté nationale.

Rappelé à Turin par le roi Charles Emmanuel IV, qui avait succédé à Victor Amédée III, M. de Maistre eut une pension de 2.000 livres, qu'on ne put malheureusement lui continuer longtemps. Turin finit par tomber au pouvoir des

Français et M. de Maistre dut prendre la fuite. Il s'embarqua en plein hiver (décembre 1798) sur un bateau chargé d'émigrés, qui descendait le Pô et transportait du sel à Venise. Pendant la nuit, le fleuve gela et le bateau fut pris dans les glaces. Les *Soirées de Saint-Pétersbourg* contiennent un souvenir de ce triste voyage :

« Une certaine date me rappelle ce moment où sur les bords d'un fleuve étonné de se voir pris par les glaces, je mangeai avec un évêque français (l'évêque de Nancy) un dîner que nous avions préparé nous-mêmes. Ce jour-là j'étais gai ; j'avais la force de rire doucement avec l'excellent homme qui m'attend aujourd'hui dans un meilleur monde ; mais la nuit précédente je l'avais passée à l'ancre, sur une barque découverte, au milieu d'une nuit profonde, sans feu ni lumière, assis sur des coffres avec toute ma famille, sans pouvoir nous coucher ni même nous appuyer un instant, n'entendant que les cris sinistres de quelques bateliers qui ne cessaient de nous menacer, et ne pouvant étendre sur des têtes chéries qu'une misérable natte pour les préserver d'une neige fondue qui tombait sans relâche. »

Le comte Rodolphe, le fils de Joseph de Maistre, nous a laissé des détails plus précis : « Depuis la Posella, dit-il, la rive gauche du Pô était occupée par les Autrichiens, et la rive droite par les Français. A chaque instant la barque était appelée à obéissance, tantôt sur une rive, tantôt sur l'autre. Les glaçons empêchaient d'arriver, et les menaces de faire feu qui partaient des deux bords alternativement ne facilitaient pas la manœuvre. La voiture de M. de Karpoff était sur le pont, et les deux enfants de M. de Maistre s'y étaient juchés. Tout à coup un poste français appelle, et l'équipage s'efforce d'obéir ; mais les courants et les glaçons retardent la manœuvre : le poste prend les armes, et, à l'ordinaire couche en joue les matelots. Enfin on aborde avec peine. — Vos passeports? — On les présente ; personne ne savait lire. Le chef du poste propose de retenir la barque, et d'envoyer les passe-ports à l'officier commandant à la prochaine ville ; mais le caporal s'approche du sergent et lui dit : « A quoi cela sert-il? on dira que tu es une bête, et voilà tout. » Sur cette observation, on laissa partir la barque ; mais un des soldats apostrophant le comte de Maistre : « Citoyen, vous dites que vous êtes su-« jet du roi de Prusse ; cependant vous m'avez un « accent... Je suis fâché de n'avoir pas envoyé « une balle dans cette voiture d'aristocrate. » — « Vous auriez fait là une belle action », lui répon-« dit M. de Maistre, « vous auriez blessé ou tué « deux jeunes enfants, et je suis sûr que cela vous « aurait causé du chagrin. » — « Vous avez bien « raison, citoyen », répliqua le fusilier ; « j'en « aurais été plus fâché que la mère. »

A Venise, la vie fut très dure pour la famille Maistre. Le comte de Kevenhüller mit à leur disposition le rez-de-chaussée de sa maison pour s'y installer, y coucher et faire la cuisine. « Mon frère et ma sœur, écrit Constance de Maistre, vécurent pendant quatre ans avec les trois mille francs qu'ils avaient emportés de Lausanne et sauvés de la confiscation. Ma mère faisait la cuisine, ma sœur balayait, mon frère allait chercher la provision de charbon dans un petit panier, ma mère en était à son dernier louis quand mon père fut appelé en Sardaigne. »

M. de Maistre supporta avec son courage habituel ce temps d'épreuves terribles. « Réduit, « dit Albert Blanc (*Corresp. Diplom.*) pour tout « moyen d'existence, à quelques débris d'argen- « terie échappés au grand naufrage, sans rela- « tions avec sa cour, sans relations avec ses pa- « rents, sans amis, il voyait jour par jour dimi- « nuer ses dernières ressources, et au delà plus « rien. » Et cependant de Maistre trouvait encore le moyen de travailler. C'est à cette époque (1799) qu'il écrivit son *Discours du citoyen Cherchemot pour le jour de la fête de la Souveraineté du peuple*, sorte de harangue caricaturale, composée par un citoyen imaginaire, avec des phrases révolutionnaires recueillies par l'auteur en manière de passe-temps.

Les Français ayant été chassés d'Italie (1799) de Maistre, rappelé par son roi, fut nommé régent de la grande chancellerie du royaume de Sardaigne et entra en fonction à Cagliari le 12 jan-

VUE INTÉRIEURE DE CAGLIARI.

p. 60-61

vier 1800. Ce n'était pas une mince besogne que de rétablir les finances et l'administration de la justice dans un pays encore tout bouleversé par les contre-coups de la Révolution et de la guerre. Le comte de Maistre assumait une lourde charge, rétribuée par un modeste traitement de 20.000 livres. Ses nouvelles fonctions de directeur de la chancellerie consistaient à surveiller le mouvement commercial et militaire du port de Cagliari, où toutes les puissances envoyaient leurs navires. On avait coutume de traiter ce port de mer avec une rare désinvolture internationale. Anglais et Russes capturaient tranquillement les vaisseaux français dans les eaux sardes, et le roi était à chaque instant obligé d'accorder des indemnités à la France. La question de la loyauté des pavillons amenait des complications de toutes sortes. Le poste de Joseph de Maistre était loin d'être une sinécure.

« L'intérieur de l'île, dit Albert Blanc, n'allait pas mieux. Une loi, qui remontait au moyen âge, donnait aux Sardes le privilège de n'être administrés et gouvernés spécialement et dans l'île que par des Sardes ; cette loi était très opportune, car les étrangers ne pouvaient rien faire de ces populations féroces. Les *Stamenti*, sorte de parlement insulaire, venaient d'abdiquer ce droit peu de temps avant l'arrivée du comte de Maistre, dans la prévision de la venue probable du roi ; mais la génération actuelle n'en était pas moins à demi-sauvage et rebelle à toute innovation et à tout perfectionnement. Ce qui était arrivé en Sardaigne, aux premiers bruits de la Révolution française, permet d'apprécier ce que pouvait être la population en 1800. Lorsque les troubles commencèrent à se manifester à Paris, l'île s'agita également, mais dans le sens contraire. Les Sardes voulaient qu'on leur rendît leur constitution féodale, abolie comme barbare par Charles Emmanuel III, et qu'on rétablît leurs Cortès selon les vieilles formes d'Aragon. On refusa. Alors ils massacrèrent l'intendant général Pitzolù, le commandant militaire, la plupart des Piémontais qui résidaient parmi eux, et l'île fut en proie à des passions furieuses, que la médiation du pape et des concessions imprudentes finirent par calmer en 1796. A son arrivée, le comte de Maistre y trouva encore une opposition aveugle contre tous les actes de l'autorité et une haine de l'étranger passée à l'état de dogme national. De plus, il *régnait dans la noblesse une répugnance extrême à payer ses dettes*, dit le fils de M. de Maistre dans sa notice. Droit public et droit privé s'en allaient donc à la dérive. M. de Maistre lutta pendant trois ans contre ce courant rétrograde. »

Régent de la grande chancellerie, de Maistre montra en Sardaigne, de 1800 à 1802, une fermeté et une indépendance qui grandissent encore sa mémoire et son caractère. Il étudiait lui-même les affaires et, quel que fût le coupable, il frappait sans faiblesse, comme le prouve le procès intenté à un religieux, le frère Jérôme Paolino. Dans une brochure devenue très rare et tirée seulement à cent exemplaires (1), Descotes a publié un ensemble de faits bien curieux, extraits des archives, qui montrent le scrupule et l'impartialité de Joseph de Maistre aux prises avec ces affaires criminelles si embrouillées et si délicates, écartant les influences et les interventions intéressées, tenant tête même au roi d'Angleterre, qui voulait couvrir des faits de piraterie authentiques.

« Un tribun fameux, dit Descostes, Vincent Salis, qui avait trompé la confiance du duc d'Aoste, est accusé de haute trahison et emprisonné dans la tour du Sprone. On lui suppose des complices. On arrête ses proches et, parmi eux, un notaire, Jean Salis. Les juges inférieurs se dépensent en vains efforts pour établir sa culpabilité. Convaincu de son innocence, le comte de Maistre résiste au courant et, de sa haute autorité, le fait élargir. Un professeur de droit, très réputé, Louis Liberti, est, lui aussi, l'une des victimes de la petite Terreur légale qui sévit dans l'île ; il est incarcéré. Le comte étudie son dossier, arrive à la conviction que les soupçons portés contre lui sont injustes et ordonne sa mise en liberté. Il fait plus : pour l'indemniser du dom-

(1) *Joseph de Maistre inconnu*, in-8, Champion.

mage qu'il a souffert, il le nomme avocat consultant de la chancellerie et écrit au ministre pour le remettre en grâce auprès du roi. »

Joseph de Maistre était le vrai type du magistrat d'autrefois, qui ne voyait que le droit et la justice.

« Pour juger, conclut Descostes, il faisait abstraction de toutes ses opinions, de toutes ses tendances, de toutes ses sympathies. Il n'admettait pas qu'une arrestation pût être faite et qu'une détention fût imposée quand, à ses yeux, l'accusation n'était pas suffisamment établie. Pour rendre justice, il ne regardait pas à la couleur et repoussait comme de mauvaises pensées toutes les considérations d'ordre politique. Voulait-on lui forcer la main et lui imposer une décision contraire à sa conscience, il se redressait de toute sa hauteur et, en termes respectueux, mais fermes, il ne craignait pas d'exercer son droit de remontrance et parfois même de se refuser à contresigner des mesures qui lui paraissaient iniques, arbitraires ou illégales. »

La correspondance de Joseph de Maistre pendant cette époque nous montre le grand penseur, toujours harcelé par les soucis de famille, trouvant encore le temps d'écrire à ses deux filles, à la petite Constance et à sa fille aînée, alors en pension chez la sœur de l'écrivain, religieuse sécularisée malgré elle et qui avait ouvert à Turin une maison d'éducation. Parmi ces lettres, chefs-d'œuvre d'esprit, de bonté familière, de tendresse inépuisable, il en est quelques-unes qu'on a citées bien souvent et qu'on ne se lasse pas de relire, pour le tour et la grâce que l'auteur a su donner à ses sentiments paternels. Il écrivait à Adèle cette jolie leçon de grammaire :

« J'ai été très content du verbe *chérir*, que tu m'as envoyé. Je veux te donner un petit échantillon de conjugaison, mais je m'en tiendrai à l'indicatif, c'est bien assez pour une fois.

« Je *te chéris*, ma chère Adèle : tu *me chéris* « aussi, et maman *te chérit :* nous vous *chérissons* également Rodolphe et toi, parce que « vous êtes tous les deux nos enfants, et que « vous nous *chérissez* aussi également l'un et « l'autre ; mais c'est précisément parce que vos « parents vous *chérissent* tant, qu'il faut tâcher « de le mériter tous les jours davantage. Je te « *chérissais*, mon enfant, lorsque tu ne me *chérissais* point encore ; et ta mère te *chérissait* « peut-être encore plus, parce que tu lui as coûté « davantage. Nous vous *chérissions* tous les deux « lorsque vous ne *chérissiez* encore que le lait « de votre nourrice, et que ceux qui vous *chérissaient* n'avaient point encore le plaisir du retour. Si je t'ai *chérie* depuis le berceau, et si tu « m'as *chéris* depuis que tu as pu te dire : Mon papa « m'a toujours *chéri ;* si nous vous avons *chéris* « également, et si vous nous avez *chéris* de même, « je crois fermement que ceux qui *ont tant chéri*,

« ne changeront point de cœur. Je te *chérirai* « et tu me *chériras* toujours, et il ne sera pas aisé « de deviner lequel des deux *chérira* le plus l'au- « tre. Nous ne *chérirons* cependant nos enfants, « ni moi, ni votre maman, que dans le cas où « vous *chérirez* vos devoirs. Mais je ne veux point « avoir de soucis sur ce point, et je tiens pour « sûr que votre papa et votre maman vous *ché-* « *riront* toujours.

« Marque-moi, mon enfant, si tu es contente de « cette conjugaison, et si tous les temps y sont « (pour l'indicatif). Adieu, mon cœur. »

En 1802, le roi de Sardaigne nomma de Maistre ministre plénipotentiaire à Saint-Pétersbourg. C'était une nouvelle épreuve qui commençait, une nouvelle carrière qu'il allait remplir loin de sa femme et de ses enfants. Il n'hésita pas.

« Le roi est dans des circonstances bien dif- « ficiles, — écrivait-il alors à sa fille aînée, — « mais il fait pour moi et pour ma famille tout « ce qu'il peut faire : ainsi nous n'avons qu'à re- « mercier, et attendre en paix l'avenir. Je me « garde bien de te dire que je suis *content*, ou du « moins *heureux*, malgré une destination si bril- « lante. Pour être heureux, il faudrait que ma « famille fût autour de moi ; mais c'est précisé- « ment cette tendresse qui me donne des forces « pour m'éloigner de vous. C'est pour vous que « je me passe de vous...

« Adieu, ma chère Adèle ; je t'emporte dans « mon cœur, afin que tu m'échauffes sous le « soixante et unième degré de latitude. »

Joseph de Maistre alla d'abord passer quelques jours à Rome, où le pape lui fit un accueil tout familier et tout amical.

« Je n'entreprendrai pas de raconter les belles choses que j'ai vues ici, écrit-il à sa fille, il me faudrait plus de temps que je n'en ai : une fois, Rome sera le sujet de nos conversations. Avant-hier j'ai vu le Pape, dont la bonté et la simplicité m'ont fort étonné. Il est venu à ma rencontre, m'a laissé à peine plier un genou, et m'a fait asseoir à côté de lui. Nous avons bien jasé une demi-heure : après quoi il nous a accompagnés (j'étais avec le ministre du roi), et il a porté la main sur le bouton de la serrure, pour ouvrir la porte. Je t'avoue que je suis *resté de stuc* à ces manières si peu souveraines ; j'ai cru voir saint Pierre au lieu de son successeur. »

Joseph de Maistre quitta Rome, traversa l'Allemagne et arriva à Saint-Pétersbourg le 13 mai 1803, pour assister aux débuts du règne d'Alexandre Ier. Nature généreuse et confiante, l'empereur Alexandre l'accueillit avec beaucoup de considération et de sympathie.

Pendant près de quinze ans, de 1803 à 1917, Joseph de Maistre occupa à Saint-Pétersbourg le poste de représentant du roi de Sardaigne. Ami d'un Empereur libéral et populaire, il assista pendant quinze ans au spectacle de l'Europe en armes contre Napoléon ; et il eut non seulement le loisir de juger et d'apprécier les événements de son époque dans sa correspondance quotidienne avec la Cour de Sardaigne, mais il put encore consacrer une partie de son temps à écrire les magnifiques livres où il a résumé l'idéal de sa doctrine politique.

J. de Maistre nous a dit lui-même comment il vivait matériellement à Pétersbourg :

« Si, par hasard, madame la comtesse, il vous prend fantaisie de savoir ceque je fais et comment je vis, j'aurai bientôt répondu : c'est ce que vous connaissez, c'est le mouvement d'une pendule, *tic tac.* Hier, aujourd'hui, demain, et toujours... J'ai beaucoup de peine à me traîner hors de chez moi : souvent même je me refuse aux dîners *roulants* de Pétersbourg, pour me donner le plaisir de ne point sortir de tout le jour ; je lis, j'écris, *je fais mes études ;* car enfin il faut bien savoir quelque chose. Après neuf heures, j'ordonne qu'on me traîne chez quelque dame, car je donne toujours la préférence aux femmes... Ici donc ou là, je tâche, avant de terminer ma journée, de retrouver un peu de cette gaieté *native* qui m'a conservé jusqu'à présent : je souffle sur ce feu comme une vieille femme souffle, pour rallumer sa lampe, sur le tison de la veille. Je tâche de faire trêve aux rêves de bras coupés et de têtes cassées qui me troublent sans relâche ; puis je soupe comme un jeune homme, puis je dors comme un enfant, et puis je m'éveille comme un homme, je veux dire de grand matin ; et je recommence, tournant toujours dans ce cercle, et mettant constamment le pied à la même place, comme un âne qui tourne la meule d'un battoir. Je m'arrête à cette comparaison sublime. »

La position de M. de Maistre à la cour de Russie était fort honorifique, mais la médiocrité des appointements le condamnait à vivre dans une sorte de misère dorée : « Mon Dieu, écrivait-il, mon Dieu ! je pense à la maison de Bourbon, à celle de Savoie, lorsque je suis tenté de m'affliger sur moi. Je suis ici dans une situation fort critique, sachant très peu ce que je suis aujourd'hui, et point du tout ce que je serai demain ; mais, au lieu qu'autrefois les moralistes disaient continuellement : *Regardez au-dessous de vous*, ils doivent dire maintenant : *Regardez au-dessus*.

« Je viens de congédier mon valet de chambre, pour me donner un domestique plus simple et moins coûteux. Je verrai s'il y a moyen de faire d'autres économies ; et tout mon désir est que Sa Majesté soit bien persuadée... que, dans tout ce que j'ai dit sur ma situation, jamais je n'ai laissé tomber de ma plume la plus légère exagération. J'ai souffert comme je l'ai dit et autant que je l'ai dit, et maintenant encore, comme je le dis, je n'ai rien, ce qui s'appelle rien, pas de quoi me faire enterrer, si je venais à mourir. »

Ce qui l'effrayait surtout c'était la pensée qu'il pouvait mourir en laissant sa famille dans une indigence presque absolue.

Joseph de Maistre devait vivre ainsi à Saint-Pétersbourg jusqu'en 1817, dans une médocrité de fortune, qui, eu égard à sa haute position, était très voisine de la pauvreté. Le malheureux roi de Sardaigne ne consentit jamais à payer royalement son ministre extraordinaire. De Maistre souffrit beaucoup de cette infériorité ; ses lettres gardent la trace quotidienne de cette longue déception, qui entravait l'exercice de sa vie et ses relations mondaines, bien plus qu'elle n'humiliait son amour propre. Non seulement il ne pouvait se payer un secrétaire, mais il n'avait pas toujours assez d'argent pour prendre une voiture.

« Voici, écrit-il à son fils en 1810, voici le second hiver que je passe sans pelisse ; c'est précisément comme de n'avoir point de chemise à Cagliari : au sortir de la Cour ou de chez le Chancelier de l'Empire, au milieu de toute la pompe asiatique, un fort vilain laquais me jette sur les épaules un manteau de boutique. Le service d'un seul laquais étant réputé impossible ici, à raison du climat et de la fatigue, pour en avoir un second j'ai pris un voleur qui allait tomber dans les mains de la justice : je lui ai proposé de devenir honnête homme, à l'ombre de mon privilège de Ministre ; depuis quelques mois cela va. Le traiteur qui me nourrissait ou qui m'empoisonnait ayant changé d'habitation, je ne puis l'atteindre ; j'ai pris le parti de partager la soupe de mon valet de chambre. Le défaut de domestiques, dans ce pays et dans ma position, est un des plus singuliers supplices qu'il soit possible d'imaginer, et dont tu ne peux te former l'idée à la place où tu es. Cependant, mon cher ami, je ne vois point que je sois méprisé, au contraire ; mais ce qui m'amuse excessivement, c'est quand on vient se recommander à moi, ce qui arrive assez souvent.

Et encore :

« Au moment où je vous écris, je n'ai pu encore me procurer des rideaux à mon lit, ni un chandelier d'argent pour porter ma lumière, ni un bureau décent et ostensible pour serrer mes papiers, ni surtout l'apparence d'un ménage. Lorsque je mange chez moi, la femme d'un soldat qui ne sait pas faire une soupe me présente deux plats de domestiques suffisants pour exister. C'est là mon luxe... »

« Souvent le comte de Saint-Julien (ministre 'Autriche) vient le soir me chercher, pour allerd avec moi dans le monde. Ses brillants laquais montent mon escalier en tâtonnant, et nous descendons précédés d'un paysan qui porte *luminare minus ut præesset nocti.* Je suis persuadé qu'ils font sur moi des chansons en patois autrichien. Pauvres gens ! je suis bien aise qu'ils s'amusent. »

Quand on lit de pareils détails, on admire la résignation souriante et tranquille avec laquelle le comte de Maistre acceptait son sort.

« Il faut observer, dit Albert Blanc, que la Prusse, l'Etat qui payait le moins ses ministres, leur donnait 35.000 roubles, et qu'il fallait de toute nécessité qu'avec le cinquième de cette somme, M. de Maistre fît face aux exigences du cérémonial, qui triplaient la dépense normale d'un homme de condition. De plus, contre l'usage les frais du voyage montant à près de 6.000 livres ne lui furent pas comptés ; ces charges s'aggravaient des frais de poste, assez considérables dans une correspondance fréquente. Il lui arriva une fois de ne pouvoir sortir, faute de ruban pour porter sa croix ; il ne pouvait décemment en demander aux chevaliers russes et les marchands ne voulaient pas en fabriquer pour moins de 150 roubles ; il fallut attendre que le ruban demandé au roi fût arrivé. Avec les fameuses 20.000 livres il fallait encore qu'il entretînt sa famille : la comtesse était fixée à Turin, où elle pouvait avec 5.000 livres par an suffire aux convenances et faire élever dignement ses enfants ; le comte ne pouvait faire venir ces trois êtres aimés à Pétersbourg ; le voyage eût coûté 10 ou 12.000 livres, et le surplus des dépenses après l'arrivée eût excédé les ressources communes. »

La situation de Joseph de Maistre à Saint-Pétersbourg (on le voit par sa Correspondance) devint d'année en année plus insupportable. L'ingratitude et l'avarice de la Cour de Sardaigne dépassaient les bornes, et il fallait un héroïsme surhumain pour continuer à remplir sans murmure ce poste officiel de fidélité stérile et de mendicité chevaleresque. Tandis que sa femme, restée à Turin était obligée de vendre son argenterie pour vivre, on refuse à de Maistre toute augmentation ; on ferme l'oreille à ses plaintes ; on repousse sa démission ; on le force à vivre dans une situation humiliante où sa dignité publique aurait fini par sombrer, si l'empereur Alexandre n'avait personnellement estimé, honoré et imposé à la Cour ce caractère d'honnête homme, fidèle par honneur à un roi qui le déshonorait.

« La dépense forcenée de cette ville (Saint-Pétersbourg) écrivait de Maistre, ne peut être comprise par qui ne la voit pas. Avec mes 6.800 roubles et mon habit vert, je suis ici comme les trois enfants dans la fournaise : *Misericordia Domini quia non sumus consumpti.* »

Il y avait des jours où il était à bout de patience :

« Le sort est déchainé contre moi. Je prends le parti de vous envoyer une feuille de mon livre de comptes tel qu'il est griffonné par mon valet de chambre. Lisez cette belle pièce ; vous y admirerez le prix du peu de repas que je prends chez moi... Vous me direz que j'ai l'espoir d'être payé en Sardaigne; mais qu'est-ce que ma femme peut acheter avec un espoir?... S'il y avait en ce pays une ombre de délicatesse et de véritable amour pour Sa Majesté, je ne vous écrirais pas cette lettre. Comment voulez-vous me me forcer à quereller, toute l'année, pour cette somme à disputer, à mendier? Cela est horrible et insupportable. J'en ai honte, comme si j'avais tort... J'ai mangé tout ce que je possédais à moi ; malgré ce sacrifice, je ne puis attendre au mois de février... »

On comprend l'indignation de Barbey d'Aurévilly :

« Que dire de cette véritable déportation de Joseph de Maistre, dans une cour où ce supplicié *de par son maître* ne se débattait pas, ne criait pas, mais restait digne et doux, — un de ces doux à qui, disent les livres saints, la terre appartient, — et qui, en attendant la terre qu'il n'eut jamais, du reste, eut au moins l'estime et la faveur d'Alexandre, d'Alexandre qui avait pénétré quel homme c'était que ce Joseph de Maistre, et qui, par des procédés de grande âme, le vengea souvent des sécheresses et des ingratitudes de son roi !

« C'est là l'histoire de Joseph de Maistre que ces lettres ne nous racontent pas en se passionnant, mais montrent avec une éloquence inouïe, gaie ici, triste là, ironique plus loin, mais toujours aimable et respectueuse ! car Joseph de Maistre est certainement le seul homme au monde qui ait fait passer tous les sentiments de la vie, les plus offensés et les plus résistants, à travers la réalité d'un respect qui ne se démentit jamais, quand tout aurait dû, à ce qu'il semble, le faire éclater. Ce n'était plus ici de la courtisanerie ou de l'étiquette, ce n'était même point passion malheureuse de fidélité, non ! C'était quelque chose d'incomparable, — une sensibilité, une fierté, une conscience de soi, justement révoltées, et qui, armées de toutes les puissances de l'esprit, savaient s'en servir d'une manière charmante ou poignante, sans blesser une seule fois ce respect dans lequel de Maistre avait mis l'honneur de sa vie !

« Voilà la saveur morale de cette correspondance, mais la beauté morale qu'elle atteste a fait leur beauté littéraire. Pour se plaindre comme Joseph de Maistre se plaint dans ses lettres, pour sourire comme il y sourit, pour se moquer comme il s'y moque, il a fallu autant de stoïcisme que de grâce, et, on le sait, messieurs les stoïques ne sont pas habituellement gracieux ! Il faut lire ces lettres pour le savoir. »

Peterhof.

p. 77-78

CHAPITRE IV

J. de Maistre intime. — Les fêtes de la cour. — Un feu d'artifice. — Dîners chez l'Impératrice. — Caulaincourt peint par de Maistre. — Un empereur libéral. — Rodolphe et Xavier de Maistre protégés à la Cour. — Portrait du général Koutousoff.

La publication de la *Correspondance* de Joseph de Maistre, parue en 1851 et qui fut signalée avec une si respectueuse attention par Sainte-Beuve, causa d'abord dans le public une grande surprise. On jugeait alors Joseph de Maistre sur ses livres ; il apparaissait comme un sectaire catholique, un glorificateur farouche de la théocratie et du despotisme, sorte d'Isaïe politique sans sourire et sans tendresse. On ne voyait que le penseur, et brusquement l'homme apparut, un homme doux, facile, conciliant, dévoué à ses amis, adorant sa famille, causant avec ses enfants, esprit enjoué, accommodant et modeste. Point de morgue, point d'orgueil d'écrivain. On admirait Joseph de Maistre ; on se mit à l'aimer, et cette impression fut définitive. Sa correspondance a donné à ce grand penseur une physionomie nouvelle, une surélévation d'attitude. On le voit là aux prises avec la vie, patient dans le malheur, sans haine contre ses adversaires, type de droiture et de noblesse, dont on recherchait l'amitié et les conseils.

« C'est sa correspondance surtout, dit Sainte-Beuve, qui semble tout à fait neuve et du plus grand prix. L'homme supérieur et, de plus, l'homme excellent, sincère, amical, père de famille, s'y montre à chaque page dans toute la vivacité du naturel, dans tout le piquant de l'humeur et, l'on peut dire, dans toute la cordialité du génie. C'est le meilleur commentaire et le plus utile correctif que pouvaient recevoir les autres écrits si distingués, mais un peu altiers, du comte de Maistre. On apprendra de près à révérer et à goûter celui qui nous a tant de fois surpris, provoqués et peut-être mis en colère. Ce puissant excitateur de pensées politiques va devenir une de nos connaissances particulières et, peu s'en faut, l'un de nos amis. »

Les six volumes de correspondance de Joseph de Maistre sont un véritable cours d'histoire et de politique. Ce voyant, du haut de son poste officiel d'observation, a vu Napoléon passer et repasser par tous les chemins de l'Europe et il a porté ses jugements, énoncé ses prévisions, imposé son témoignage sur tous les événements de son temps. L'auteur des *Soirées* a toujours vu très clair à travers cette nuée de soldats et de peuples, ce conflit de résistances et d'ambitions européennes. La Révolution lui apparut satanique, mais il ne désespéra jamais de l'avenir de la France, et il prédit nettement le retour des Bourbons.

Ces Lettres sont encore une source de renseignements inépuisables sur la situation de la Russie et sur les campagnes de Napoléon Ier, que Joseph de Maistre raconte et juge en spectateur impartial, en même temps qu'il peint, scène par scène, le tableau pittoresque de la vie russe, à Saint-Pétersbourg et à la Cour impériale. Ces pages sont le meilleur document qu'on puisse lire sur les mœurs du monde aristocratique en Russie.

Joseph de Maistre allait beaucoup dans le monde et aux réceptions de la Cour. Ses travaux littéraires et le temps qu'il consacrait à sa correspondance diplomatique ne lui ôtaient ni le goût d'observer ni le plaisir de décrire les merveilleuses fêtes auxquelles il assistait et dont il n'oubliait aucun détail, comme on peut le voir par ce récit d'un curieux feu d'artifice :

« A 8 heures, le feu commença par un obélisque en feu vert, flanqué de chaque côté de quatre palmiers de même espèce, que Votre Excellence se rappellera probablement : c'est un feu particulier aux Russes, qui le tiennent, m'a-t-on dit, des Chinois. Un temple en feu bleu est encore, si je ne me trompe, une chose qu'on ne peut voir ailleurs ; il était accompagné avec beaucoup de goût par des feux très bien distribués. Le reste était beau sans être extraordinaire ; des tourbillons d'une épaisse fumée ont beaucoup nui à la beauté du spectacle. J'ignore si cet inconvénient est nécessaire, ou s'il pouvait être diminué par l'art.

« La fin a été superbe ; 40.000 fusées, partant les unes après les autres, ont entretenu à une certaine hauteur dans les airs une détonation et des éclairs continuels pendant près d'un quart d'heure : dans ce genre encore les artistes russes sont extrêmement distingués.

« Après le feu, on a passé dans la grande pièce du bal. Je crois que cette salle de la Tauride ne peut avoir moins de 200 pieds de long ; elle était éclairée par 12.000 bougies et 6.000 lampions. Le jardin, qui est à côté, n'était pas moins richement éclairé. J'ai promené quelques instants ma tristesse dans ces allées où le pied s'appuie réellement sur la terre, où l'on marche au milieu des orangers et des fleurs naturelles nourries dans des pots enfoncés dans les plates-bandes. On oublie de temps en temps qu'on a un toit et un plafond sur la tête. C'est une plaisanterie de l'art, de la plus grande magnificence et du meilleur leur goût. »

Joseph de Maistre raconte ailleurs un dîner auquel l'Impératrice l'avait invité :

« Hier, S. M. l'Impératrice m'a fait l'honneur de m'inviter à dîner et à passer la journée chez elle à Paulowski. C'était un *extraordinaire*, car le Corps diplomatique ne va guère à Paulowski. Ce n'a pas été sans peine que j'ai pu être prêt en moins de vingt-quatre heures, car l'étiquette exige des préparatifs considérables. Les Dames dînent en robes traînantes, et le soir il faut un ajustement tout différent pour la promenade. L'Impératrice a eu la bonté de me faire préparer un appartement très commode pour la toilette des dames ; conformément à la règle ancienne, aucune classe au-dessous des Ministres n'a été invitée ; de manière qu'il n'y avait que l'Ambassadeur de France, le Ministre d'Angleterre, et celui de S. M. — A trois heures, l'Impératrice a tenu cercle : ensuite on a dîné. La table était un grand fer à cheval ; le haut était occupé par S. M., par S. A. I. Madame la Grande-Duchesse Anne, la Princesse de Wurtemberg (fille), et le Duc d'Oldembourg ; à la même table, vis-à-vis ces augustes personnages, étaient placés les Ministres étrangers. Je crois qu'il y avait quatre-vingts ou cent personnes. Après le café, on se retira, et à six heures et demie, les Dames revinrent en robes rondes et en chapeaux, pour la promenade, qui se fit dans les *lignes* de la Cour. Dans la première, l'Impératrice fit monter avec elle et ses Dames, l'Ambassadeur de France ; dans la seconde, on plaça ma femme et ses filles une dame et une demoiselle d'honneur, les Ministres d'Angleterre et de Sardaigne, le Prince Labonof-Costof, et le Comte Araktcheief. Les autres *lignes* vinrent pêle-mêle. Nous fûmes menés jusqu'à ce qu'on appelle le Pavillon des Roses, endroit charmant créé en un coup de baguette par S. M. I., et remarquable surtout par sa singulière décoration, qui est l'ouvrage d'un artiste italien (le sieur Gonzague) ; il a représenté dans les arbres, à quelque distance du pavillon, un village, une auberge, une église, une colonnade, etc., avec une telle vérité qu'on ne peut en croire ses yeux, — ou, pour mieux dire, qu'on est obligé de les croire. — Nous revînmes dans le même ordre. Le jardin de S. M. était garni de lis dans tous les carreaux. Toutes ces tiges *étaient crues dans la journée.* Elle dit à M. le Comte de Noailles : *Vous voyez, Monsieur le Comte, que nous aimons beaucoup les Lis.* On soupa de bonne heure, mais à des tables rondes, comme Votre Excellence s'en souvient. En me retirant le soir, je ne fus pas peu surpris d'apprendre que mes gens auxquels j'avais pourvu comme de raison, avaient été splendidement traités par ordre de S. M. I. J'étais à Saint-Pétersbourg vers les deux heures. On ne peut, au reste, rien ajouter à l'élégance des appartements et des tables, au luxe des fruits, à l'exactitude, à la prestesse du service, mais surtout aux grâces de S. M. l'Impératrice, dont la *souveraine politesse* ne nuit point du tout à la *politesse souveraine*. A souper, elle ne s'est point assise : elle fait le tour des tables, elle parle à tout le monde et défend qu'on se lève : c'est une forme dont il vous souviendra de même, suivant les apparences. »

Ces fêtes étaient parfois tragiques. En voici une, à Peterhof qui eut un triste dénouement :

« Une foule innombrable de chaloupes avaient amené une grand nombre de spectateurs à Peterhof, tirés principalement de la classe des marchands, hommes, femmes et enfants. Tout ce monde s'est rembarqué le soir ; les chaloupes, conduites par des matelots presque tous ivres, ont été assaillies pendant la nuit par un coup de vent terrible, qui en a fait chavirer plusieurs. La police ne voulant convenir ici ni des crimes ni des malheurs (de quoi je ne la blâme point), il est difficile de connaître au juste le nombre des morts, qu'on élève jusqu'à 200. On m'a cité un étranger qui vivait ici avec sa femme et trois enfants en bas âge ; il les a laissés à un ami pour aller voir la fête, et le soir ils étaient orphelins. Une famille de marchands a péri totalement, père, mère, enfants et domestiques. Pendant ce temps, je dormais dans ma voiture sans me douter de ce qui se passait sur ma gauche; c'est un événement déchirant. »

Joseph de Maistre admirait sincèrement les magnificences de la Cour de Russie ; en revanche, la société française et le monde de Napoléon Ier lui semblaient à peu près ridicules. Il a malicieusement peint Caulaincourt, l'ambassadeur de Napoléon Ier.

« Je contemple beaucoup ici l'ambassade française, qui n'a rien de merveilleux. Le spectacle qui m'a continuellement frappé depuis le commencement de la Révolution, c'est la médiocrité des personnes par qui de si grandes choses s'exécutent. Dès que ces fameux personnages sont isolés, je vous assure que personne n'est humilié. Dans ce moment, il y a un homme véritablement extraordinaire, qui mène tout ; mais, s'il disparaissait, vous verriez crouler l'édifice en un clin d'œil. Je m'amuse beaucoup à considérer le général Caulaincourt. Il est bien né, et il s'en targue ; il est le premier partout, etc. Je vous assure cependant qu'il a l'air fort commun sous sa broderie ; qu'il est raide en bonne compagnie,comme s'il avait du fil d'archal dans les jointures, et qu'au jugement de tout le monde il a l'air de Ninette à la Cour. Ce phénomène de la puissance balbutiant devant la véritable dignité m'a frappé mille fois depuis l'ouverture de la grande tragédie. »

On peut à peine se faire une idée de la vie active que menait Joseph de Maistre à Saint-Pétersbourg :

« Voulez-vous que je vous dise, écrivait-il, dès 1804, comment je suis quelquefois étouffé? Je déchiffrais une lettre du comte de Front. Le même jour, il m'en arrive du même une autre encore plus longue. Le même jour, je reçois votre numéro 18. Le même jour, le duc de Serra-Capriola me prie de lui prêter ma plume pour une affaire qui ne presse pas, pourvu qu'elle soit faite demain. Le même jour, je suis invité avec tout le corps diplomatique à un grand souper et à un bal que j'aurais volontiers changé contre un bain froid dans la Néva, mais que je ne pouvais refuser par des raisons locales. Le même jour, je suis invité par sir Waren pour discuter avec lui le lendemain l'affaire de la Sardaigne. Dites-moi s'il n'y a pas de quoi mourir. »

L'empereur Alexandre paraît avoir éprouvé pour Joseph de Maistre des sentiments d'amitié et d'estime qui ne faiblirent pas pendant quinze ans, et dont il lui prouva la sincérité en s'attachant, dès le début, son fils Rodolphe, dont il assura la carrière et l'avenir et qu'il admit à ses réceptions particulières. Rodolphe devait faire la campagne de 1806, 1812 et 1813. Dans la lettre annonçant à de Maistre la nomination de son fils, le chancelier de l'Empire écrivait ces lignes :

« L'empereur me charge de vous dire qu'il agrée, avec le plus grand plaisir, la demande que vous lui avez faite. Il accepte votre fils dans le premier corps de sa garde (les chevaliers-gardes), et le reçoit tout de suite au grade de cornette (capitaine dans l'armée)... Sa Majesté impériale... ne peut le traiter mieux que ses propres chambellans, qu'elle ne fait que cornettes. Au reste, vous ne devez pas être en peine d'un jeune homme qui a pour protecteur Alexandre Ier. » M. de Maistre ajoute aussitôt avec un sentiment d'exquise délicatesse : « Si j'étais Russe, je me serais évanoui de joie. » (*Mémoires politiques*, etc.)

Ce fut pour la tendresse paternelle de M. de Maistre une douloureuse épreuve que de savoir son fils exposé à tous les périls de la guerre. Jamais cependant il n'exprima dans ses lettres à Rodolphe des craintes capables de décourager le jeune militaire. Ce père admirable se montra toujours un chrétien et un gentilhomme. « Je ne « veux pas, écrivait-il à son fils, m'appesantir sur « votre destinée future : il est inutile de commu- « niquer des *pensées molles*, telles qu'elles nais- « sent involontairement dans le cœur d'un père. « Allez bravement votre chemin, mon cher Ro- « dolphe. Vivent la conscience et l'honneur ! « *Ou cela, ou sur cela*, disait cette mère de Sparte. « Elle avait raison. Jamais vous ne trouverez « dans mes lettres ni craintes ni lamentations : « c'est un mauvais ton à l'égard d'un soldat. « Tout cela sans préjudice de ce qui se passe « dans mon cœur, et dont vous vous doutez sans « doute un peu. »

L'Empereur, pour être encore agréable à l'auteur des *Considérations sur la France*, nomma son frère Xavier, l'auteur du *Voyage autour de ma chambre*, directeur du département de l'Amirauté

ALEXANDRE Ier, NÉ LE 24 DÉCEMBRE 1777

p. 86-87

avec le grade de général-major. En 1812, Joseph de Maistre, désirant faire venir à Saint-Pétersbourg sa femme et ses filles, mais n'ayant pas les moyens d'assurer leur installation, le czar lui offrit l'argent nécessaire. Les témoignages publics de la faveur impériale accrurent d'année en année la considération dont Joseph de Maistre jouissait à la Cour. On lui enviait cette forte et précieuse amitié, grâce à laquelle personne ne doutait qu'il pût atteindre les plus hautes situations, le jour où l'ingratitude du roi de Sardaigne finirait par décourager sa fidélité.

Joseph de Maistre nous a laissé dans sa correspondance de curieux détails sur cet étrange souverain mystique, populaire et démocrate.

« Je suis très sûr, dit-il, que, dans le fond de son cœur, il n'aime réellement que son *grand ami* le Président des Etats-Unis. Son éducation l'a imbibé d'idées républicaines, et c'est peut-être un des plus grands phénomènes qui existe dans le monde : il préside encore à ces grands dîners d'étiquette où les cinq premières classes de l'état sont admises, mais il est sans habits royaux, sans trône, sans couronne, et sans dais. Il fait ses excuses au chambellan qui le sert de *la peine qu'il lui a donnée*, tandis que les chambellans devraient intriguer six mois pour avoir l'honneur de le servir dans ces occasions. Tout signe extérieur de respect qui sort des formes ordinaires, un baise-main par exemple, lui fait à peu près horreur. La Princesse Beloselski l'entretenant un jour dans sa voiture, il avait la main appuyée sur la portière. La bonne qui portait le petit enfant de la princesse l'approcha de la voiture, et l'enfant baisa la main de l'Empereur. Le Prince la retira brusquement avec une espèce d'effroi. Il y a peu de temps que le graveur de la Cour lui ayant présenté le type des nouvelles monnaies portant son effigie, l'Empreur le réprouva en disant : *Cette monnaie n'est pas à moi, elle est à mon peuple.* Etranges paroles et que Votre Majesté trouvera bien plus singulières, si Elle pense qu'elles appartiennent à un pays où la *Gazette de la Cour* écrit : *S. M. l'Empereur a daigné communier un tel jour.* Jamais, dans la conversation, il n'arrivera à l'Empereur de parler *des droits de la Souveraineté* ou de *l'honneur de sa couronne.* Il dit : *Le poste que j'occupe, la nation dont j'ai l'honneur d'être le chef* (1811). »

Rien ne pouvait être plus antipathique à Joseph de Maistre que ce libéralisme qu'il haïssait partout et qu'il devait trouver plus odieux encore et plus ridicule chez le monarque le plus absolu d'Europe.

L'exemple de son père, Paul Ier, n'était cependant pas fait jour inspirer des idées libérales à l'empereur Alexandre. Le futur protecteur de Joseph de Maistre avait été élevé par des professeurs qui lui donnèrent de bonne heure le goût du XVIIIe siècle et une sympathie pour ses philosophes humanitaires, dont il ne parvint jamais à se débarrasser complètement, malgré les nécessités de la vieille tradition despotique russe. Ce libéralisme fut surtout chez l'Empereur une matière d'exportation. Sa bonté était réelle ; il avait des dispositions naturelles à la tolérance, et son peuple lui fit crédit sur sa bonne volonté. Il devint populaire par le désir qu'il avait de l'être. Son amour déclaré pour la justice lui valut la réputation d'un roi juste. Il pouvait tout et semblait prêt à ne vouloir abuser de rien. Le peuple, qui connaissait les abus de l'absolutisme, se mit à aimer sincèrement un souverain qui ne se présentait pas en despote. L'enthousiasme que soulevait Alexandre partout où il se montrait est une chose à peine croyable. Il incarnait le sentiment national, l'indépendance et la défense de la patrie russe contre l'autre despote français, qui menaçait toute l'Europe.

M. Mandoul, dans son beau livre (1), cite un passage de l'écrivain russe Pypin, qui donne une idée exacte d'Alexandre : « Il lui manque une certaine force d'esprit, la connaissance des hommes et la capacité de réaliser ses entreprises malgré tous les obstacles et en dépit de l'opposition. En raison de quoi sa bonté naturelle se transforme et devient de la faiblesse de caractère, et il n'est

(1) *Joseph de Maistre et la politique de la Maison de Savoie*, 1 vol. in-8.

pas rare qu'il ait recours alors à des armes telles que la ruse, la malice, pour atteindre son but. Ses dispositions furent développées en lui spécialement par les préceptes du maréchal Soltykow, un courtisan qui se proposa de bonne heure d'être sympathique à la fois à la grand'mère et à ses favoris ainsi qu'au père. Plus tard la sévérité même de ce père devait développer ces habitudes déjà acquises. »

« Alexandre Ier dit Albert Blanc, était un cœur ardent, une tête indécise, une âme vive et généreuse ; passionné pour un projet idéal, trop impressionnable pour ne pas être arrêté dans sa marche par l'ingratitude ou l'inintelligence de ceux qu'il voulait régénérer, il commit dans sa carrière politique des fautes inévitables pour un esprit disposé au mysticisme et engagé dans les froids calculs de la vie réelle. Il eût réalisé la paix universelle de l'abbé de Saint-Pierre, si tous les souverains eussent ressemblé à cet Henri IV de la Russie. Il rêvait, on ne sait quelle hiérarchie sacerdotale des souverains européens, fondée sur une solidarité morale des nations avec leurs chefs ; et il se sentait assez grand pour en être le premier prêtre. Il formait le sublime projet de mettre la civilisation future sous la protection de l'arbitrage de la Russie et de ressusciter ainsi la grande unité du moyen âge, ébauchée par Grégoire VII et disparue depuis longtemps avec l'influence et le prestige de la papauté. Ce rêve grandiose ne lui fut pas inspiré par Mme de Krudener, quoiqu'on l'ait dit dans les histoires. Mme de Krudener ne le vit qu'en 1814, à Paris, où, dit-on, elle lui prédit le retour de Napoléon en France et sa seconde chute. Le rêve d'Alexandre fut le jet spontané, la manifestation imparfaite de la puissance d'amour dont il était doué ; puissance qui resta inféconde par la solitude où le laissa l'esprit de son siècle. Ses défauts venaient de ses qualités. Sa dissimulation, dont on a tant parlé, venait d'une pudeur d'âme d'élite méconnue. Il avait pressenti le besoin, plus tard universel, d'un ordre nouveau, et s'était mis en avant de gens qui ne pouvaient le suivre. Les Français ont peu compris sa pensée, gâtée, du reste, par des actes inconséquents de ce songeur armé et couronné. Ils n'ont pas vu ce que l'influence du caractère à demi-oriental de la race de Pierre le Grand pouvait donner de dignité, de véritable religion, de poésie pratique aux gouvernements occidentaux, qui périssent faute de ces trois choses divines. »

Le portrait est un peu flatté. Le libéralisme, chez un souverain, vaut sans doute mieux que la tyrannie ; mais les concessions ont aussi leur inconvénient ; et nous avons vu, d'étape en étape, en passant par l'émancipation des serfs, le libéralisme russe engendrer pour tout résultat l'esprit révolutionnaire et la révolte anarchique.

Non seulement Joseph de Maistre savait voir et peindre les scènes pittoresques qui se passaient autour de lui ; mais le côté drôle des choses l'intéressait et l'amusait. Il causait un jour avec le Maréchal de Steddingk, personnage fort original et que sa femme rendait très malheureux. — « Monsieur le Maréchal, lui disait-il, j'ai connu jadis un gentilhomme piémontais qui avait bâti une fort belle maison à Turin ; cependant il y avait quelques fautes dans la façade. Un de ses amis lui dit un jour : *Dites-moi franchement, mon cher Comte, à quel ordre appartient cette façade?* — Hélas ! reprit l'autre en joignant les épaules de l'air le plus pitoyable, *c'est l'ordre de ma femme.* — Je crus, Sire, que le Maréchal allait étouffer de rire. Il m'a dit dès lors plus d'une fois : J'emporte beaucoup de souvenirs de vous, mais je n'oublierai surtout de ma vie le sixième ordre d'architecture. »

Joseph de Maistre s'amusa beaucoup à la Cour de Russie de certaines exhibitions, entre autres l'arrivée de l'ambassadeur de Perse, qui amena en Russie « trois éléphants dont un est mort en chemin, par un trait de prudence ; car ce pays n'est pas du tout celui des éléphants. On fait à ceux qui sont ici des espèces de chaussures pour qu'ils puissent faire ainsi leur entrée, et poser le pied à terre impunément : chacune de ces *bottes* coûte, dit-on, cent roubles ».

Le vieux général Koutousoff, que Tolstoï nous

a si magistralement décrit dans la *Guerre et la paix*, est peint en quelques lignes bien vivantes par Joseph de Maistre :

« Le général Kutusoff, que l'opinion appelait au commandement général, est un homme de soixante-dix ans au moins, gros et pesant, plein d'esprit, d'ailleurs, et fin à l'excès ; il est homme de Cour, même : très bonne chose à sa place, mais qui lui a nui quelquefois à celle qu'il occupe. Il est défiguré par une blessure épouvantable : une balle lui perça jadis la tête obliquement et sortit par la cavité de l'œil. Le globe est déplacé, et l'autre œil même a beaucoup souffert, par la relation connue des deux organes ; il voit peu, il se tient difficilement à cheval, il ne peut veiller. »

Joseph de Maistre ne dédaigne pas l'anecdote pittoresque. Il en a de curieuses, comme celle-ci sur l'amiral Tchitchagof, le ministre de la Marine Russe, un vrai type d'original :

« Ses aventures avec Paul Ier sont ravissantes. Un jour je lui demandais : « Où étiez-vous, Monsieur l'Amiral, sous le règne précédent ? » Il me répondit : « Tantôt à Cronstadt, tantôt en prison. » Une fois après une scène épouvantable avec l'Empereur, Paul Ier lui dit *qu'il ne voulait plus de lui et qu'il le congédiait sur-le-champ*. Sur quoi l'Amiral se déshabilla devant le Maître et sortit de la Cour en chemise. Vous m'avouerez que ce trait est joli et qu'on ne peut guère le voir ailleurs. Comme il ne veut absolument ni voler, ni permettre qu'on vole dans sa sphère, il est détesté. »

CHAPITRE V

Bonté de Joseph de Maistre. — Son caractère. — L'homme et l'écrivain. — Sa franchise, ses habitudes, manies et anecdotes. — La mort du duc d'Enghien et la Cour de Russie. — J. de Maistre et Napoléon Ier. — J. de Maistre collaborateur littéraire de Louis XVIII. — Influence de J. de Maistre en Russie. — La conversion de Mme Swetchine.

Au milieu du tracas et des soucis de sa nouvelle existence, de Maistre, dans une lettre à sa fille Adèle, se plaint de vieillir et de blanchir très vite. Nous avons peu de portraits physiques de Joseph de Maistre. Le croquis que nous a laissé Lamartine (qui prétend avoir vécu dans sa familiarité), est plutôt une peinture littéraire.

L'auteur des *Méditations*, critique si passionné de son œuvre et et de sa doctrine, a vu tout à fait en beau le physique du grand penseur ; il l'a idéalisé en croyant le peindre d'après nature. De Maistre était selon lui « un homme d'une *grande taille* et d'une belle et noble figure ».

Mme Swetçhine a remis les choses au point ; il ne lui a pas paru nécessaire qu'un homme de génie ait eu un visage majestueux, et elle a corrigé en quelques mots le portrait imaginé par le poète transfigurateur : « M. de Lamartine dit avoir vu beaucoup M. de Maistre ; le nombre des séances rendrait plus surprenant encore qu'il ait pu manquer le portrait à ce degré. Le comte de Maistre était de taille moyenne, ses traits n'avaient aucune régularité ; rien d'incisif dans son œil, dont la vue très courte donnait quelque chose de perdu à son regard. Ce visage irrégulier et sans éclat resplendissait néanmoins de majesté. L'ensemble, le port de cette tête, étaient saisissants et surtout empreints du caractère de la sagesse antique. » « Voilà, dit Margerie (1), qui cite ces lignes, le vrai portrait d'après nature ; il est tout à fait d'accord avec l'impression nécessairement incomplète que produit le beau dessin au crayon envoyé par le comte de Maistre lui-même à Mme Swetchine. »

Si nous connaissons imparfaitement le portrait physique de Joseph de Maistre, en revanche, nous n'avons aucune incertitude sur sa physionomie morale.

Ce théoricien autoritaire était la bonté même : « Peu d'hommes, a dit sa fille Constance, ont

(1) *Le comte Joseph de Maistre, sa vie, ses écrits, ses doctrines*, un vol. in-18.

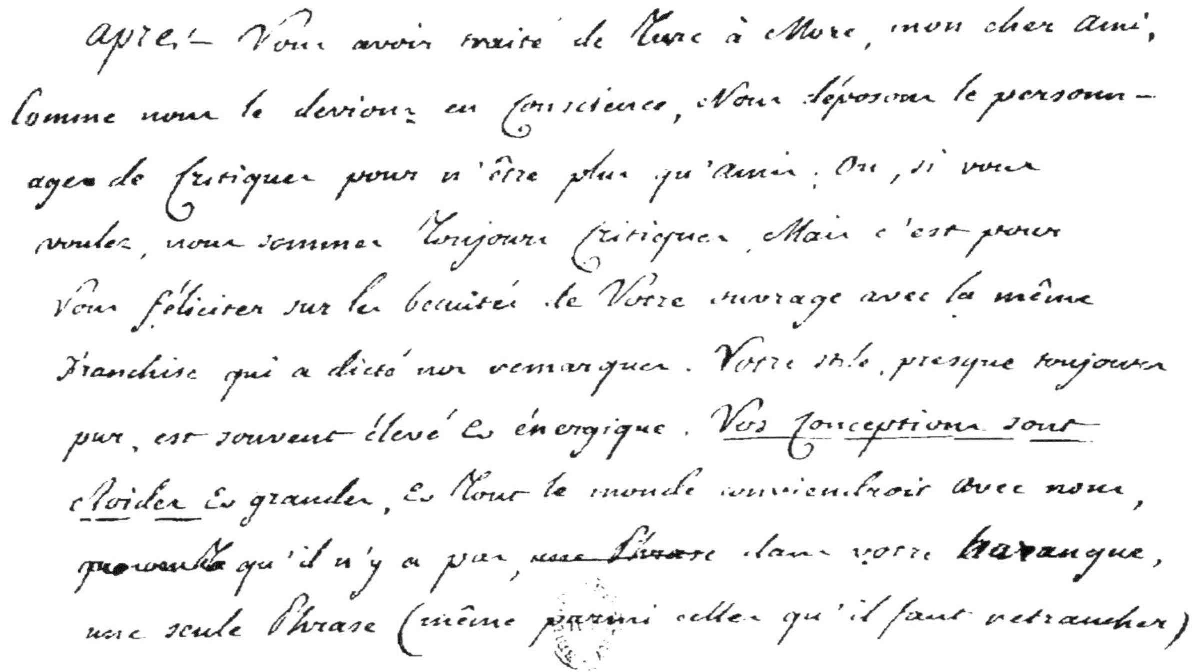
Après vous avoir traité de Turc à More, mon cher ami,
comme nous le devions en Conscience, nous déposons le personn-
age de Critiques pour n'être plus qu'amis ; ou, si vous
voulez, nous sommes toujours Critiques, mais c'est pour
vous féliciter sur les beautés de votre ouvrage avec la même
franchise qui a dicté nos remarques. Votre style, presque toujours
pur, est souvent élevé et énergique. Vos Conceptions sont
solides et grandes, et tout le monde conviendroit avec nous,
~~pourvu~~ qu'il n'y a pas, ~~une Phrase~~ dans votre harangue,
une seule Phrase (même parmi celles qu'il faut retrancher)

FAC-SIMILÉ DE L'ÉCRITURE DE J. DE MAISTRE.

p. 96-97

pu prononcer avec plus de sûreté que lui : Pardonnez-nous nos offenses, comme nous les pardonnons à ceux qui nous ont offensés. Jamais je n'ai pu découvrir dans ce cœur si bon et si chrétien la moindre trace de fiel ; au pied de la lettre, il oubliait les injures ; ou, s'il venait à se les rappeler, c'était pour y répondre à la manière de l'Evangile. *Tu as beau dire*, m'écrivait-il un jour, *il n'y a pas moyen d'excuser X... de ses torts envers moi ; aussi j'ai voulu me venger et je serai probablement assez heureux pour lui faire obtenir la place qu'il désire.* Peu de temps avant sa mort, comme on donnait l'ordre de ne pas recevoir, il prit la parole avec vivacité : « *Si telle personne vient*, dit-il, faites-la entrer ; elle m'a fait de la peine et il faut avoir plus d'attention pour elle. »

« Cette sensibilité exquise, dit M. Mandoul, qui se manifeste dans toutes ses lettres à ses enfants, ne se borne pas aux affections de famille ; elle se met aussi au service de l'amitié. Pour lui, l'ami est celui avec qui il peut pleurer. Et peu importe à ce défenseur ardent du catholicisme la religion à laquelle appartiennent ses amis : protestants ou schismatiques, ceux dont il a pu apprécier le caractère ont laissé dans son cœur des souvenirs ineffaçables. Aussi, lorsque sa pensée se reporte aux différents pays où il a résidé, il retrouve aussitôt la mémoire de relations aussi douces qu'attachantes ; c'est Lausanne, avec Mme Huber-Alléon ; c'est Saint-Pétersbourg, où l'amiral Tchitchagoff, le comte et la comtesse Tolstoï, et bien d'autres l'ont admiré dans leur intimité ; c'est Genève, Venise ou Rome. Parfois même sa sensiblité dépasse le cercle de sa famille, de ses amis et devient un sentiment profond d'humanité. Le farouche apologiste de la guerre s'apitoie sur les suites terribles de l'extension du militarisme, et il contemple, le cœur serré « cette épouvantable traînée de sang humain qui a mouillé la terre depuis Moscou jusqu'à Paris. »

Le sombre et méditatif de Maistre savait mettre de l'enjouement et du sourire dans ses lettres et dans ses manières. Il était un des plus brillants causeurs de la Cour ; il cultivait et aimait l'esprit jusqu'au calembourg ; il ne parvenait pas toujours à éviter l'excès, et ses amis lui reprochaient parfois un peu d'abus dans la plaisanterie. « Quoi qu'il en dise, fait remarquer M. Mandoul, il est bien de cette époque où l'on aborde avec grâce les plus nobles problèmes ; où, de Fontenelle à Voltaire, nul auteur n'oublie de se faire valoir lui-même, en faisant valoir ses conceptions ; où l'élégance et le badinage semblent compatibles avec l'étude des questions scientifiques et politiques. » De Maistre, disait à l'abbé Rey : « Vous me parlez de mon talent pour *faire rire en raisonnant.* En effet, je me sens appelé à mettre les questions les plus ardues à la portée de toutes les intelligences ».

Despote intellectuel, écrivain inflexible, de Maistre était dans la vie privée l'homme le plus aimable et le plus accommodant. Dieu sait si les événements politiques de son époque soulevaient son indignation. Lisez cependant sa *Correspondance*, qui ne comprend pas moins de six gros volumes : vous chercherez vainement une méchanceté ou une malice offensante. Il y a de la violence et du paradoxe. On peut ne pas toujours se fier à son esprit, mais on sent qu'on peut toujours se fier à sa générosité. La grandeur et la noblesse étaient les qualités natives de ce déchaîneur de tempêtes. Son propre éclair l'éblouissait ; l'élan qu'il prenait l'entraînait trop loin : « Lorsque j'écris, disait-il, j'obéis à une espèce d'inspiration ou de transport, car je suis réellement transporté. L'expression qui rend le plus vivement ma pensée est toujours celle que je choisis : ou plutôt je ne choisis rien, les expressions se précipitent. » De là vient la sensation qu'il vous donne en le lisant : il dépasse toujours un peu sa pensée et, à force d'audace, la vérité prend quelquefois chez lui l'air du paradoxe. Albert Blanc cite un joli trait de sa bonté et de sa droiture :

« On savait, dit-il, qu'il allait où l'appelait l'honneur, qu'il ne perdait pas de vue. Ainsi placé dans l'opinion, il pouvait se permettre bien des libertés qui eussent paru suspectes chez les diplomates d'une certaine école, dont la base classique est le mensonge et le soupçon. Ainsi, lorsque le général Savary, choqué de la morgue de M. de Blacas, parlait à M. de Maistre de jouer un mauvais tour au représentant, l'envoyé sarde parlait convenablement et de façon à forcer le respect de quiconque, en disant « qu'il ne fallait pas faire de mal à un honnête homme remplissant son devoir. » Que l'on suppose ces paroles dans la bouche d'un ambassadeur d'Autriche, la conversation eût tourné à la comédie et provoqué le sourire des assistants. »

Joseph de Maistre avait beau lire et travailler même en mangeant, rien n'assombrissait sa bonne humeur ; il ne se fâchait jamais quand on le dérangeait ; c'est avec le sourire aux lèvres qu'il interrompait sa besogne.

« Vers 1820, dit Sainte-Beuve, un jeune homme qui était reçu chez lui et qui s'effrayait de lui voir entre les mains quelque tome tout grec de Pindare ou de Platon, fut un jour fort étonné de lui entendre chanter de sa voix a plus joviale et la plus fausse quelques couplets du vieux temps, la *Tentation de saint Antoine*, par exemple. Et je me rappelle ma propre surprise à moi-même, lorsque, interrogeant un poète illustre sur M. de Maistre qu'il avait fort connu, il m'en parla d'abord comme d'un conteur presque facétieux et de belle humeur. »

Aimable et courtois en conversation, il était difficile à Joseph de Maistre de renoncer à avoir

LORD WELLINGTON.

p. 100-101

raison et de ne pas vous le faire sentir. Il n'écoutait pas beaucoup ce qu'on lui répondait quand on n'était pas de son avis ; il vous laissait parler et repartait ensuite avec vivacité. Il avait coutume de répéter : « Je ne comprends pas qu'on n'entende pas cela, quand on a une tête sur les épaules. » Un soir, à Pétersbourg, un ami étant allé le voir chez lui, le trouva endormi et prit le parti de dormir lui aussi, et le prince Niaseinski, étant entré, eut la surprise de voir que tout le monde dormait.

La loyauté de M. de Maistre, même envers ses ennemis, était une chose proverbiale. Sainte-Beuve raconte à ce sujet une jolie anecdote :

« Particulièrement lié à Lausanne et à Genève avec beaucoup d'hérétiques, il sut cultiver et garder jusqu'à la fin leur amitié. Un jour qu'il avait parlé avec beaucoup de feu contre les premiers fauteurs de la Révolution, Mme Huber (de Genève), lui dit : « Oh ! mon cher comte, promettez-moi qu'avec votre plume si acérée, vous n'écrirez jamais contre M. Necker personnellement ». Elle était un peu cousine de M. Necker. Il promit. A quelque temps de là, vers 1819, à l'occasion, je crois, du Congrès de Carlsbad ou d'Aix-la-Chapelle, parut une brochure de l'abbé de Pradt, où M. Necker était maltraité. On crut un moment que M. de Maistre en était l'auteur ; quelqu'un le dit à Mme Huber : « Eh bien ! votre comte de Maistre vous a bien tenu parole... » Elle répondit : « Je n'ai pas lu le livre ni ne le lirai ; mais si M. Necker y est attaqué, il n'est pas du comte de Maistre, car il n'a en tout que sa parole ». Belle certitude morale en amitié, de la part d'un de ses *chers ennemis.* »

M. Raymond, dans son *Eloge* prononcé à Turin en 1822 et cité par Sainte-Beuve, nous dit que Joseph de Maistre ne se déplaçait jamais sans but et ne sortait jamais sans motif. Comme tous les hommes passionnés de travail, il n'allait jamais se promener et le spectacle de la nature l'intéressait peu. Un jour qu'on l'engageait à venir admirer le soleil du printemps, il répondit en riant : « Le soleil ! je puis m'en faire un dans ma chambre avec un châssis huilé et une chandelle derrière ». C'était une boutade, mais qui peint l'homme indifférent au contact de l'Univers, qui vit d'activité intellectuelle non de songerie et de rêve.

Ses amis avaient beau sourire, de Maistre ne cachait pas ses goûts. C'était la franchise même. « Je n'ai que mon mouchoir dans ma poche, disait-il ; si on vient à me le toucher, peu m'importe ! Ah ! si j'avais un pistolet, ce serait autre chose, je pourrais craindre l'accident. » En fait, il ne craignait jamais d'accident. « Le comte de Maistre, disait un ministre, est le seul homme qui dise tout haut ce qu'il pense, sans qu'il y ait jamais imprudence ». *A brûle-pourpoint* était une de ses expressions habituelles.

SAINT PÉTERSBOURG. FORTERESSE ET ÉGLISE SAINT-PIERRE ET SAINT-PAUL.

p. 103-104

Il parlait, écrivait et vivait à brûle-pourpoint.

Bien que sa situation de fortune ne lui permît ni les grandes libéralités, ni les grandes dépenses, il n'hésitait pas à rendre service quand il le pouvait. Un jour, un jeune homme, à bout de ressources, étant venu lui demander une assez forte somme, il fit appeler son fils Rodolphe : « Voyons, Rodolphe, lui dit-il, que faut-il faire? Je puis disposer de la somme nécessaire. Mais elle est à vous autant qu'à moi. Décidez. » On devine la réponse du jeune homme.

Un autre jour, son fils s'étant laissé entraîner à jouer, vint avouer à son père qu'il avait perdu une somme assez forte. Joseph de Maistre ne lui fit pas de reproche ; il ouvrit son bureau et lui remit la somme, en disant : « Vous savez que j'ai laissé ma sœur en Savoie ; vous connaissez ses malheurs et sa détresse ; j'avais à grand'peine et à force de privations, amassé cet argent, que je me disposais à lui envoyer. C'était une dette de cœur ; la vôtre est une dette d'honneur. Allez, et payez ce que vous devez. »

Cette franchise qui formait le fond de sa nature, faisait aussi le fond de son inspiration littéraire. Il avoue lui-même se sentir réellement transporté dès qu'il prend la plume, et incapable de choisir les expressions qui se précipitent. Or, il vivait, précisément, à peu près comme il écrivait. On le savait, et l'empereur Alexandre surtout. « Combien de personnages mielleux disait de Maistre, auront eu l'honneur d'entretenir Sa Majesté, en lui disant les plus belles choses du monde, et dont les pensées l'auraient fait reculer d'horreur, si une puissance surnaturelle l'avait fait lire dans leurs cœurs ! Quant à moi, c'est bien différent. Telle ou telle pensée peut déplaire à Sa Majesté ; c'est un malheur sans doute, mais elle voit tout, et dans un café de Londres je ne dirais rien de plus. Ceci mérite attention, si je ne me trompe ; et ce n'est pas une chose méprisable qu'un homme que le roi peut employer avec la certitude qu'il n'est pas plus mauvais qu'il ne paraît. » (Lettre à la baronne de Pont, 1805).

Il y avait deux ans que Joseph de Maistre occupait son poste en Russie, quand la nouvelle de l'exécution du duc d'Enghien, en 1804, provoqua l'indignation de toutes les cours d'Europe. De Maistre a raconté l'impression que cette nouvelle causa à Saint-Pétersbourg. Le soir même, la femme du ministre de France, Mme d'Hédouville eut le courage d'assister à une grande soirée qui se donnait chez le prince Beloselski. Les soixante personnes qui se trouvaient réunies dans le salon ne lui adressèrent pas la parole et la laissèrent seule avec sa cousine. Au bout d'une heure de cet ostracisme, Mme d'Hédouville se retira en disant à sa cousine : « Allons-nous-en. Je vois que nous sommes deux pestiférées. »

L'Empereur prit le deuil ; le billet d'avis, qui fut également adressé à l'hôtel d'Hédouville, était ainsi libellé : « Le grand maître des cérémonies a l'honneur d'annoncer au corps diplomatique que la Cour prendra le deuil pendant sept jours pour S. A. R. Monseigneur le duc d'Enghien. » « Aujourd'hui, écrit de Maistre, on fait un service au prince dans l'Eglise catholique ; plusieurs dames du pays y vont, ainsi que l'Ambassadrice d'Angleterre ; je n'ai jamais vu d'opinion plus générale et plus décidée. Enfin, Monsieur le Chevalier, c'est un crime atroce, épouvantable, un crime qui ne peut être expié que sur la roue ; mais, si je ne me trompe, ce sera un crime bien inutile. »

De Maistre trompait les ennuis de sa vie à Saint-Pétersbourg par la lecture, le travail et la correspondance. Ses lettres sont surtout politiques. Pendant quatorze ans, il a suivi et apprécié jour par jour les événements qui se déroulaient en Europe et dont Napoléon Ier était l'âme. L'auteur des *Soirées* n'aimait pas Napoléon, qui fut toujours pour lui, un usurpateur couronné, le sécularisateur despotique de la Révolution française. Il prédisait sa chute ; il la devinait fatale, et le rétablissement des Bourbons ne fit jamais un doute pour lui. De Maistre a toujours annoncé l'écroulement final où le vertige des conquêtes entraînait l'ancien lieutenant de Barras, devenu empereur des Français. Il rendait hommage à son génie ; mais il le considérait comme un homme néfaste et ne cachait pas son mépris pour lui. Ses triomphes ne l'éblouirent jamais, le royaliste chrétien garda toujours son sang-froid devant ce conquérant victorieux qui devait fasciner l'imagination de Chateaubriand et de Victor Hugo. Les lignes suivantes, que de Maistre écrivait en 1811 au roi de Sardaigne, résument son opinion sur Napoléon :

« L'autre jour, dans un très petit comité, un Ministre étranger, sujet de Napoléon, nous dit en propres termes : « *Il n'y a plus d'autre remède que de le faire enfermer comme fou.* » Il n'y a rien là d'impossible, Sire, mais ce mot *d'enfermer* est une pure illusion ; on ne met jamais la main sur un tel personnage que pour le tuer tout au plus tard le lendemain. Enfin, Sire, quoique ses prodigieux succès fassent nécessairement entrer des doutes dans tous les esprits, cependant il faut s'en tenir aux principes qui défendent de regarder cet homme comme un Souverain chef d'une race. Cependant combien de Souverains légitimes et puissants auront peut-être envié sa puissance dans leur cœur ! C'est tout comme s'ils avaient envié la force physique des porte-faix. Celle de Napoléon n'est point du tout royale, elle est révolutionnaire, et voilà pourquoi, Sire, les Princes, qui par état et par nature sont étrangers à cette force, ne doivent pas se compromettre personnellement avec elle ; mais c'est une gloire pour eux au lieu d'une humiliation, et les plus ignorants des hommes sont ceux qui prennent pour un mal l'inconvénient du bien. »

« Pour Joseph de Maistre, dit M. Mandoul, la Restauration ne faisait pas de doute ; le régime napoléonien pouvait durer plus ou moins longtemps ; il était permis de prévoir que, le jour inévitable où Napoléon ne serait plus rien en France, la face de l'Europe serait changée, les princes reprendraient possession de leurs états. Cette foi profonde, inébranlable, en une Restauration, J. de Maistre l'avait éloquemment professée dans ses *Considérations sur la France*. Elle persiste sans faiblesse dans toute sa *Correspondance* ; elle n'est jamais abattue, même par les événements les plus terribles et, semble-t-il, les plus décisifs. « En attendant, s'écrie-t-il, en 1809, je m'applaudis d'avoir toujours de nouvelles raisons de vous assurer que la Révolution dure toujours, qu'il n'y a point d'exclusion, d'établissement fixe, et que personne n'a le droit de dire : *c'est fini*. On l'a dit après la bataille de Marengo, on l'a dit après la bataille d'Austerlitz, on l'a dit après celle de Friedland, mais, malgré toutes les apparences possibles, toujours on s'est trompé. »

Voici comment il avait annoncé dans ses *Considérations* cette restauration future : « Quatre ou cinq personnes peut-être donneront un roi à la France. Des lettres de Paris annonceront aux provinces que la France a un roi, et les provinces crieront : *Vive le roi !* A Paris même, tous les habitants, moins une vingtaine peut-être, apprendront en s'éveillant qu'ils ont un roi. Est-ce possible? s'écrieront-ils, voilà qui est d'une singularité rare ! Qui sait par quelle porte il entrera? Il sera bon peut-être de louer les fenêtres d'avance, car on s'étouffera. »

Un fait très caractéristique prouve que l'hostilité de Joseph de Maistre contre Napoléon était surtout réfléchie, raisonnable, motivée, en dehors des préjugés et des rancunes politiques. En 1804, Louis XVIII, qui avait écrit en 1796 une lettre de félicitations à l'auteur des *Considérations*, lui fit adresser une missive par son ami, le comte d'Avaray. On priait Joseph de Maistre de vouloir bien rédiger une proclamation que l'ancien comte de Provence voulait publier pour protester contre l'usurpation de Napoléon. Joseph de Maistre résista à cette prière et refusa poliment de rédiger cette déclaration. Accepter, c'eût été engager non seulement sa responsabilité, mais celle du roi de Sardaigne qu'il représentait officiellement. C'était aussi encourager l'attitude politique du parti des Emigrés, dont il désapprouva toujours la conduite, les violences et les maladresses. Pour qu'une pareille proclamation gardât son éloquence et son autorité, il fallait être sûr qu'elle ne pût être attribuée qu'au seul prétendant. Or, de Maistre n'était pas certain du tout que

LOUIS XVIII

Présenté et Dédié à S. A. Royale
Madame la Duchesse d'Angoulême
Par son très humble Serviteur
Fr. Janet
Chasseur de la Garde Nationale

Gravé d'après son Croquis fait à l'Entrée de la Salle à Manger du Château des Tuileries le Jour de son Service chez Sa Majesté

A Paris chez l'Auteur Rue St Jacques N° 19 — *Déposé à la Direction &c*

p. 109-110

le secret de sa collaboration serait bien gardé et qu'on ne reconnaîtrait pas son style, ce style qui le trahissait dès qu'il publiait une ligne. « Autant vaut-il y mettre mon nom ! »

Il se contenta de donner à M. d'Avaray quelques excellents conseils sur ce manifeste royal qui devait s'adresser à tous les Français. Il voulait qu'il n'y eût ni insulte, ni colère, ni passion, ni polémique, ni promesses, mais seulement une protestation et un exposé de principes. Dans le fond de son âme, Joseph de Maistre regrettait bien un peu de ne pouvoir prendre la plume ; il parle même de l'abondance d'idées qui lui arrivent. Il s'abstint cependant, de peur de compromettre le roi de Sardaigne qu'il avait le chagrin de voir éternellement tourné contre la France. Cette anecdote prouve la haute estime de Louis XVIII pour Joseph de Maistre, depuis le livre des *Considérations*. Il avait même fait envoyer à l'auteur, à l'époque où parut cet ouvrage, un mandat pour toucher une somme devant servir à la propagation du livre. Joseph de Maistre ne voulut jamais accepter cet argent.

Cette offre de collaboration devait avoir une suite. Louis XVIII y tenait beaucoup. Il imagina de provoquer une grande réunion d'émigrés, dont la consultation devait accroître l'autorité de son manifeste. La convocation fut malheureusement difficile à organiser et échoua complètement, tandis que Louis XVIII faisait remettre par M. de Blacas à Joseph de Maistre, le texte de la fameuse déclaration, avec prière de la lire et de tailler et trancher à sa guise. De Maistre ne crut pas devoir refuser quelques corrections de forme à ce factum royal, qu'il jugea maladroit et imprudent : « La pièce, écrivait-il au comte d'Avaray, a subi ce grand anathème qui pèse invariablement depuis la création du monde sur l'ouvrage de plusieurs mains. Ce n'est ni votre style, ni le mien, les phrases se sont gâtées en se pénétrant mutuellement et je doute qu'il en reste une irréprochable. » Il était à prévoir qu'on ne tiendrait pas compte de ses corrections. « Sur les questions de style et de rédaction, écrivait-il au roi, où j'ai le malheur de me trouver en opposition avec Votre Majesté, je ne puis dire qu'un mot : Je désire avoir tort, autant que la vanité la plus intraitable a jamais pu désirer d'avoir raison. »

Le rôle et la situation de Joseph de Maistre à la Cour de Russie mériteraient une étude spéciale. L'envoyé du roi de Sardaigne fut d'abord assez dédaigneusement traité. Représentant un roi découronné de la moitié de ses états, Joseph de Maistre, peu payé et sans fortune, manquait de prestige, et on le tint à distance. Mais l'homme avait un tel talent, de si réelles et de si hautes qualités, une telle éloquence, une si exceptionnelle sincérité de sentiments, qu'il se créa tout de suite des amis, et qu'il eut en très peu de temps une magnifique situation. Les familles aristocratiques les plus considérables entrèrent en relation avec lui, et ce modeste envoyé du plus modeste des souverains devint l'ami des plus importants ambassadeurs de l'Europe.

La faveur dont il jouissait à la cour et dans les salons de Saint-Pétersbourg lui permit d'exercer autour de lui une influence morale dont nous avons quelques exemples bien remarquables. Dans ce milieu d'hétérodoxie passionnée, où l'on détestait ouvertement l'Eglise romaine, de Maistre réussit à faire respecter la Religion catholique et même à lui attirer de vives sympathies, en même temps qu'il ne cessait d'opposer l'affirmation de sa doctrine monarchique absolue aux tendances et aux réformes libérales de l'incorrigible empereur Alexandre, philanthrope imbu des idées du XVIIIe siècle français. L'âme russe, qui n'a pas changé depuis cette époque, était la proie d'un mysticisme religieux vague, inapaisé et ardent, qui conciliait à la fois la haine du catholicisme et l'amour des plus aventureuses utopies sociales. C'est un spectacle curieux de voir le grand théoricien du pouvoir autoritaire en lutte avec les projets et les idées du gouvernement le plus despotique de l'Europe. Sur ces deux terrains religieux et politique, de Maistre lutta avec sa hardiesse et sa loyauté habituelles, et, sur le premier, du moins, il obtint des victoires qui lui font honneur.

On sait la bienfaisante influence qu'il exerça sur l'esprit de Mme Swetchine, dont il fut le confident, le conseiller et à peu près le directeur spirituel. Après Falloux, M. C. Latreille, dans son excellent livre : *Joseph de Maistre et la Papauté*, a très bien mis en lumière le rôle et le zèle du grand penseur dans l'évolution religieuse de Mme Swetchine, qui semblait ne jamais se décider à faire le pas définitif. Il la pressait vainement. Elle voulait tout lire, tout s'expliquer, se démontrer elle-même le catholicisme comme une sorte de protestantisme à rebours. Il faut voir comment de Maistre raille sa tournure d'esprit et lui fournit l'interminable liste des lourds in-octavos qui lui restent encore à lire. C'est à lui, à ses conseils ou à ses écrits que M. Latreille n'hésite pas à attribuer la conversion de la comtesse Rostopchine, de la comtesse Tolstoï et de ses sœurs, de la princesse Dietrichstein, de la comtesse Golovine et de ses filles, etc... M. Latreille croit même que c'est en préparant ses réponses à Mme Swetchine, en réfutant ses objections, en s'obligeant à lire certains ouvrages sur l'histoire de la souveraineté de l'Eglise romaine, que de Maistre eut l'idée de son livre *Du Pape*. La supposition semble probable. Les objections de Mme Swetchine étaient celles de son pays et portaient surtout sur la primauté de Rome. Il n'est pas étonnant que son séjour en Russie ait inspiré à de Maistre la pensée d'écrire une œuvre de démonstration et d'apologie sur cette question du Pape, si importante pour l'âme russe.

«Une lettre au comte de Noailles, dit Mme de Villeneuve-Arifat, dans son *Eloge*, nous révèle qu'une femme également remarquable par la hauteur de ses vertus, l'étendue de son esprit, était en quelque sorte l'Égérie de son religieux travail: «Mme de S. (Swetchine), dit-il, a voulu as-
« sister au combat et juger les coups ; elle me ré-
« compense amplement des efforts que j'ai faits
« pour rendre les hauts lieux de la philosophie
« accessibles même à des pieds habillés de soie ».
Il leur fraye un passage à travers les âpres et ténébreux sentiers de l'induction et du syllogisme. Dans cette joute, faisant appel à tous les âges, il prend pour ses seconds Pythagore, Platon et Cicéron, Bayle, Descartes et Malebranche. Sa parole austère et élevée quand il traite de Dieu, de l'âme, des causes finales, devient finement railleuse et enjouée quand il traduit et commente les excentricités de la cosmogonie et de la physique de l'orgueilleux chancelier.

« En appelant une femme à assister au combat où il fait triompher l'union de la religion et de la science, une sainte et noble courtoisie amène le chevaleresque défenseur de la vérité à tracer en peu de mots l'image charmante de la femme chrétienne. »

CHAPITRE VI

J. de Maistre et l'Illuminisme. — Les mystiques russes. — Rôle de la Maison de Savoie. — Les ingratitudes du Roi de Sardaigne. — J. de Maistre homme politique et homme d'état. — Son dévouement et son rôle à Saint-Pétersbourg. — Histoire d'une décoration et d'une démission.

Non seulement Joseph de Maistre entretenait des relations étroites avec les grandes familles et les personnes supérieures de Saint-Pétersbourg, mais il s'intéressait sincèrement à la psychologie sociale et religieuse des Russes. Il avait notamment étudié de très près les doctrines de la secte dite des Illuminés, qu'il avait fréquentée avant la Révolution et dont le philosophe Saint-Martin fut le représentant le plus fameux. Il l'appelait « le plus instruit, le plus sage et le plus élégant des théosophes modernes. » Il ajoutait : « Je suis si fort pénétré des livres et des discours de ces hommes-là, qu'il ne leur est pas possible de placer dans un écrit quelconque une syllabe, que je ne la reconnaisse. » M. de Margerie cite une lettre inédite de Joseph de Maistre, écrite en 1816, où on lit ces lignes : « Je consacrai jadis beaucoup de temps à connaître ces Messieurs (les Illuminés). Je fréquentai leurs assemblées ; j'allais à Lyon pour les voir de plus près ; je conservai une certaine correspondance avec quelques-uns de leurs principaux personnages. Mais j'en suis demeuré à l'Eglise catholique, apostolique et romaine, non cependant sans avoir acquis une foule d'idées dont j'ai fait mon profit. » Joseph de Maistre, on le voit, n'a jamais caché sa compétence en cette matière. En 1811, il écrivait sur ce sujet, un curieux *Mémoire pour le comte de R...*, publié par son fils en 1859 et dont le dernier chapitre est une étude sur les Illuminés, depuis Saint-Martin jusqu'à Weishaupt.

Cette science spéciale a même fourni à quelques-uns de ses biographes l'occasion de rechercher l'influence des idées et de la fréquentation de Saint-Martin sur les doctrines de Joseph de Maistre. L'un d'eux, M. Franck, membre de l'Institut, poussa même le paradoxe, en 1880, jusqu'à prétendre que « presque toutes les idées qui ont fait la renommée des *Considérations sur la France* et des *Soirées de Saint-Pétersbourg* appartiennent à Saint-Martin. » M. de Margerie a péremptoirement réfuté cette thèse fantaisiste, qui ne supporte pas l'examen, quand on rapproche les dates de publication des ouvrages discutés. M. de Margerie a démontré que toutes les idées politiques de Joseph de Maistre dérivaient des faits et des événements historiques et que ses principes théologiques ou sociaux, sur le sacrifice, la transmissibilité, la Rédemption n'étaient que l'ensemble des grands dogmes catholiques, mis en démonstrations et en formules. Ceux qui affectent de se scandaliser prouvent tout simplement qu'ils ont oublié leur catéchisme.

On a signalé le côté curieux de cette tendance d'esprit chez Joseph de Maistre et on s'étonne qu'une intelligence si ferme ait gardé ce goût de mysticisme et d'illuminisme.

« Les écrits de Saint-Martin, le *Philosophe inconnu*, dit l'abbé Lagrange, ont été familières au comte de Maistre. Par un côté aventureux de son génie, l'auteur des *Soirées* incline à un mysticisme voisin de cet illuminisme ; il crée, dans toute la liberté du sens individuel, des théories qu'il essaie ensuite, par un coup hardi, de rattacher au dogme précis du catholicisme ; il se livre sur les songes, sur les nombres, sur la vertu des noms, sur d'autres questions encore, à des spéculations tout orientales et pythagoriciennes ; il s'abandonne à la hardiesse de l'hypothèse, à la libre méthode des pressentiments, aux vues prophétiques, et semble alors n'avoir que du dédain pour la science, l'expérience et la raison. Est-ce une faiblesse de ce puissant esprit, une défaillance de sa raison supérieure, un épuisement de son génie? Au contraire, c'est une surabondance de force et de lumière, une aspiration vers la vérité par toutes les puissances de son être. Tout n'est pas illusion dans le mysticisme ; l'homme n'est pas une pure intelligence privée d'amour et de sentiment, et l'erreur des mystiques n'est pas de s'abandonner à l'inspiration et à l'extase, mais de faire une méthode constante de ces passagères impressions. La raison ne parle pas seule ; tout en nous a une voix pour nous apprendre notre origine et nos désirs ; nos passions même nous rendent capables de saisir, ou d'entrevoir du moins, des vérités que la pensée plus calme ne découvre pas par elle-même... »

C'est ce que disait de Maistre lui-même :

« Il ne s'agit pas de rire: les illuminés de ce genre pullulent à Saint-Pétersbourg et à Moscou ; j'en connais un nombre infini. Et il ne faut pas croire que tout ce qu'ils disent et écrivent soit mauvais; ils ont au contraire plusieurs idées très saines, et, ce qui étonnera peut-être Votre Excellence, ils se rapprochent de nous de deux manières : d'abord, leur propre clergé n'a plus d'influence sur leur esprit, ils le méprisent profondément, et par conséquent ils ne l'écoutent plus ; s'ils ne croient pas le nôtre, au moins ils ne le méprisent point, et même ils ont été jusqu'à convenir que nos prêtres avaient mieux retenu l'esprit primitif ; en second lieu, les mystiques catholi-

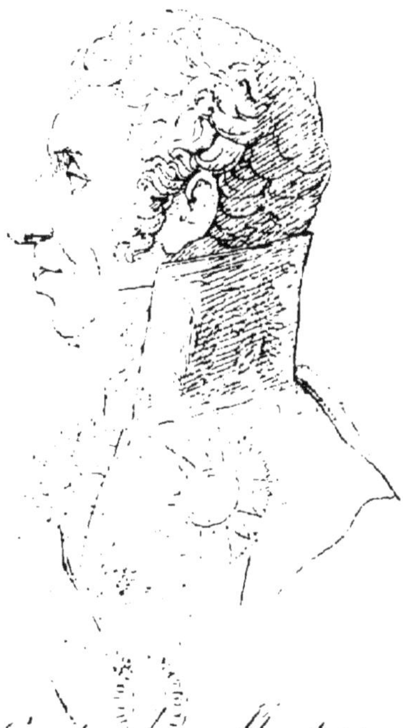

Le Comte de Montesquiou.

p. 119-120

ques ayant beaucoup d'analogie avec les idées que les illuminés se forment du culte intérieur, ceux-ci se sont jetés tête baissée dans cette classe d'auteurs. Ils ne lisent que sainte Thérèse, saint François de Sales, Fénelon, madame Guyon, etc.; or, il est impossible qu'ils se pénètrent de pareils écrits sans se rapprocher notablement de nous ; et j'ai su qu'un grand ennemi de la religion catholique disait, il y a peu de temps : *Ce qui me fâche, c'est que tout cet illuminisme finira par le catholicisme.* »

L'attention que Joseph de Maistre donnait aux choses de Russie ne diminuait ni les soins ni la sollicitude qu'il apportait dans son rôle diplomatique de représentant du roi de Sardaigne et de Piémont, chef de la maison de Savoie.

Dès 1793, la maison de Savoie n'avait cessé de mécontenter la République Française par son attitude hostile et sa politique équivoque. Après l'invasion du général Montesquiou, au lieu d'accepter l'alliance que lui offrait le Comité de Salut public, le roi de Piémont s'allia contre la France avec l'Autriche. La campagne de 1795-1796 réduisit définitivement le Piémont, qui fut abandonné à la France en 1798. Les victoires de Souvarov semblèrent un moment rendre un peu d'espoir à Charles-Emmanuel ; mais la bataille de Marengo ruina tous ses projets de restauration, et il ne resta plus au roi de Piémont que son petit état de Sardaigne, pays divisé par les factions politiques et presque toujours en insurrection, où les impôts rentraient avec peine, où l'administration était nulle.

Bonaparte n'aurait peut-être pas mieux demandé que de pouvoir se fier au roi de Sardaigne et de rétablir un royaume de Piémont dévoué à la France et hostile aux Anglais. Le roi de Sardaigne eut le tort de ne jamais rompre avec l'Autriche et l'Angleterre, et de se tourner définitivement vers la Russie, son appui le plus loyal et le plus sûr. En 1800, l'annexion du Piémont à la France, était un fait accompli, Bonaparte déclarait que rien ne modifierait cette situation ; et malgré l'intervention de l'Empereur de Russie, Alexandre Ier, s'efforçant vainement d'obtenir des compensations terririales pour le malheureux roi, la conclusion de la paix d'Amiens (1802) ruina pour toujours les espérances de Charles-Emmanuel, qui abdiqua en faveur de son frère Victor-Emmanuel.

C'est alors que, n'espérant plus qu'en l'Empereur de Russie, le roi Victor-Emmanuel Ier, envoya Joseph de Maistre comme ambassadeur à la cour d'Alexandre.

Voici en quels termes clairvoyants, M. Mandoul juge ce malheureux roi de Sardaigne : « On pouvait reconnaître au nouveau roi Victor-Emmanuel Ier de réelles qualités d'homme privé : l'affabilité, la bienveillance, l'amour de la justice, même la bravoure ; mais les rapports de ce souverain avec Joseph de Maistre semblent donner raison à l'historien qui le représente comme *pauvre d'intelligence et de savoir* ; à l'opinion de Cacault, qui le considère comme un *homme faible*, la *proie de ce qui l'entoure...* Incapable de s'arracher à la politique traditionnelle de la maison de Savoie, il ne sut pas saisir l'occasion qui lui fut pourtant bien des fois signalée, d'avancer d'un demi-siècle l'accomplissement de l'œuvre italienne. »

Napoléon, on le conçoit, avait de fortes raisons de vouloir garder le Piémont comme une sorte d'état-tampon, destiné à paralyser et à écarter l'influence de l'Autriche.

Pendant qu'il envoyait Joseph de Maistre comme plénipotentiaire à Saint-Pétersbourg, Victor-Emmanuel, reconnaissant l'impossibilité de vivre à Cagliari, se transporta à Rome, où il vécut jusqu'en 1804 des secours pécuniaires de l'Angleterre et de la Russie, et sa petite cour ne rentra qu'en 1806 à Cagliari, où il végéta dans la mesquinerie et la pauvreté, jusqu'à la Restauration, qui lui redonna enfin le royaume de Piémont.

Pendant les tristes années de ce long exil, l'échange de correspondances entre Joseph de Maistre et la Cour de Victor-Emmanuel démontre non seulement l'incapacité et la mauvaise volonté du roi, mais la médiocrité ignorante et envieuse de ses conseillers. On ne comprit ni l'homme, ni son talent, ni sa politique. On n'écouta jamais J. de Maistre. Il resta suspect jusqu'à la fin.

Les humiliations que dut subir l'auteur des *Soirées*, nous l'avons dit déjà, dépassent tout ce qu'on peut rêver. Par le froid et la neige, il ne peut se payer une pelisse, ni même s'offrir une tasse de café ; on l'oblige à ne dormir que quatre heures par nuit pour qu'il puisse faire le travail d'un secrétaire qu'il ne peut payer ; on n'écoute ni ses conseils, ni ses plaintes. Le roi et ses ministres sont sourds, on le traite en *étranger suspect.* A bout d'effort et de détresse, il offre deux fois sa démission ; deux fois, on la refuse.

« Dans la pénurie de serviteurs où se trouvait la maison de Savoie, dit M. Mandoul, qui eût-elle pu envoyer à Saint-Pétersbourg? J. de Maistre s'inclina devant la volonté royale et continua à mettre au service de Victor-Emmanuel Ier sa fidélité et son talent, sa grande âme et son grand esprit. Ni les soupçons injurieux, ni les dénis de justice ne l'empêchèrent de faire et de bien faire son devoir.

« La Cour de Sardaigne frappait pour ainsi dire à toutes les portes, pour obtenir un peu d'argent. De bonne heure, elle parvint à se faire donner des subsides annuels par la Russie, l'Angleterre, même le Portugal : 75.000 roubles de la première ; 10.000 livres sterling du cabinet de Londres, 25.000 *croisés* ou *crociati* de la Cour de Lisbonne. Le comte de Front réussit à faire augmenter le subside anglais. J. de Maistre travailla à obtenir de nouvelles pensions : il comptait sur la générosité de la Suède, sur celle du Danemark ; même il espéra décider la Prusse à accorder quelque chose, en lui faisant entrevoir quel plaisir en éprouverait la Russie. Mais les plus fortes sommes furent données par la Cour de Saint-Pétersbourg. »

Plus tard encore, et comme témoignage d'estime et d'affection à l'égard de J. de Maistre, l'Empereur accorda une somme de 96.000 livres de France. Une autre fois enfin J. de Maistre put faire parvenir à son roi 92.000 guinées.

Un jour même, le Tsar fit compter à M. de Maistre une importante somme *pour en disposer comme il l'entendrait.* De Maistre l'envoya à Cagliari. Un ministre, apprenant l'usage qu'il avait fait de cet argent, lui tourna les talons en lui disant : « Vous êtes bien fou. » Comme remerciements, le roi de Sardaigne reprocha à de Maistre une « prétendue omission de 2.000 roubles. » Voilà comment on récompensait son désintéressement et son dévouement.

La correspondance de Joseph de Maistre dégage une haute leçon de philosophie et de désenchantement. On y voit le zèle, la fidélité, la clairvoyance d'un homme supérieur, qui avait essentiellement le sens politique, aux prises avec l'apathie, l'incompréhension, l'ingratitude d'un roi rancunier et borné. Joseph de Maistre était un véritable homme d'Etat ; il eut toujours le sentiment très lucide des hautes destinées qui attendaient la maison de Savoie et du rôle que cette grande famille était appelée à jouer, quand la restauration monarchique française, dont il ne douta jamais, aurait rétabli l'équilibre européen et procédé à la réorganisation des grandes puissances politiques. L'auteur des *Soirées* était admirablement placé à Pétersbourg pour rendre de véritables services au roi de Sardaigne, qui, dépossédé du Piémont, avait mis tout son espoir dans l'alliance et l'appui de l'Empereur de Russie. On peut le dire sans exagération : c'est grâce à la vigilance patriotique de Joseph de Maistre que l'Empereur conserva toujours sa protection au roi de Sardaigne et qu'il se décida même à lui envoyer d'importantes sommes d'argent.

« Dès son arrivée, dit M. Mandoul, Joseph de Maistre dut constater que les témoignages d'amitié de la Cour de Russie n'avaient pas toute l'importance qu'y attachait la chancellerie sarde. Loin de songer à faire la guerre pour la restitution du Piémont, la Russie acceptait parfaitement la clause de renonciation exigée par Bonaparte de Victor-Emmanuel. Alexandre n'était nullement disposé à faire en faveur du roi de

Sardaigne « l'effort d'attachement personnel » qu'avait promis, affirmait-on, l'empereur Paul Ier et peut-être même, les véritables sentiments de la Russie se résumaient-ils dans le mot attribué au favori d'Alexandre, au prince Czartoryski : « Que nous importe à nous le roi de Sardaigne? » On comprend le découragement qu'éprouva d'abord J. de Maistre, reçu très froidement par le chevalier Woronzow et le prince Czartoryski ; il écrivait plus tard avec quelques raison : « C'est en arrivant ici et après ma première visite au chancelier, qu'il était permis de perdre la tête.

« Il est vrai que l'ambassadeur sarde par ses démarches pressantes, par ses éloquentes notes diplomatiques, par son influence personnelle, put, au bout de peu de temps, mettre en meilleure posture, les intérêts de son maître. Il obtint presque un moment la promesse que, si l'on ne pouvait empêcher la réunion du Piémont, du moins on se refuserait à l'approuver. »

La correspondance de Joseph de Maistre est pleine de témoignages qui montrent l'efficacité de son intervention en faveur de ce roi ingrat qu'aucune expérience ne devait instruire. Je crois bien que M. Mandoul rapproche le nom de Joseph de Maistre de celui de Cavour. Sans croire que le grand penseur catholique ait eu tout à fait la nette vision d'une unité italienne, qu'il eût admise en tout cas en respectant les Etats pontificaux, il est certain que de Maistre rêvait, au

Congrès de Vienne, une unité italienne composée de la Lombardie, de la Toscane, Milanais et Piémont, et réunie sous la couronne de la maison de Savoie.

Voilà l'homme que le roi de Sardaigne méconnut, qu'il laissa vivre dans la médiocrité à Pétersbourg, dont il n'écouta jamais les conseils, et qu'il ne songea même pas à envoyer au Congrès de Vienne, où tous les Souverains de l'Europe s'attendaient à le voir.

« Au Congrès de Vienne, dit M. Mandoul, où il eût retrouvé avec le Tsar Capo d'Istria et son ami le prince Razoumoweki, ce ne fut pas lui qu'on chargea de représenter la Sardaigne. Cette mission fut confiée à M. de Saint-Marsan, assisté du chevalier de Rossi.

« J. de Maistre avait trop de dignité pour songer à protester contre le choix du ministre plénipotentiaire sarde. Il fit même l'éloge de Saint-Marsan, auquel on ne pouvait dénier certaines qualités de diplomate. Mais en lui-même il dut faire d'amères réflexions sur son propre sort et sur la fortune extraordinaire de Saint-Marsan, qui, après la réunion du Piémont à la France, était devenu conseiller d'Etat de Napoléon, puis ministre de France à Berlin, enfin sénateur d'Empire, et qui cependant, placé en 1814 par les souverains alliés à la tête du gouvernement provisoire de Turin, s'était vu aussitôt investi de la pleine confiance de Victor-Emmanuel, en qualité de plénipotentiaire au Congrès de Vienne. De Maistre, lui, restait délégué à Saint-Pétersbourg ; on daignait à peine le mettre au courant des événements, et il lui fallait continuer à se défendre contre les soupçons et les injures du nouveau secrétaire d'Etat des affaires étrangères, le comte de Vallaise. »

Joseph de Maistre fut victime des courtes vues d'un souverain, qui espérait toujours vainement que Napoléon lui rendrait volontairement le Piémont ou qu'il y serait contraint par les coalitions dont l'Angleterre était l'âme. Avec sa claire vue des choses, l'auteur des *Soirées* se trouvait dans la nécessité de ne pas encourager les illusions de son roi, tout en lui présentant les événements politiques sous un jour contraire à ses rêves. Toutes les fois qu'il y a antagonisme de vue entre de Maistre et son souverain, on peut être assuré que c'est de Maistre qui a raison. Sa franchise respectueuse ne reculait jamais devant les vérités à dire.

Au fond, le roi de Sardaigne, ses amis, ses conseillers, ce qu'on appelait la Cour de Cagliari ne comprirent jamais rien aux idées de Joseph de Maistre. Son caractère, sa tournure d'esprit, son génie même échappaient complètement à ces âmes faites d'anciens préjugés, d'ambitions étroites, de rêves impossibles.

La seule chose qui dominait la politique de la Cour de Savoie, c'était, dit Albert Blanc « une horreur profonde pour la France, même antérieure à la Révolution, une frayeur féroce de la pensée, de la parole, enfin du XVIIIe siècle... M. de Maistre, l'ennemi de tout séquestre d'une thèse, prenant en mains les armes des Encyclopédistes, la pure raison, pour les combattre, devait être suspect et inquiétant, et se fit, en effet, à la Cour fugitive une belle et bonne réputation de jacobin ; on n'était rassuré que par sa fidélité trempée aux torrents de la montagneuse Savoie. Puis, la hardiesse de sa parole, la vigueur accentuée de son style, sculpté comme le Moïse de Michel Ange, son penser énergique et net comme celui de Sénèque, étonnaient les bureaux des chancelleries royales, dont la gravité raisonnable ouvrait de grands yeux. Or, ces messieurs étaient de cette classe, peu artistique et très bourgeoise, qui ne supporte pas d'être étonnée et pour laquelle le nouveau est absurde. Tout peut-être se fût arrangé, si le comte de Maistre eût été bien connu personnellement du roi ; mais il n'avait jamais vu la cour qu'en passant, et n'avait pu essayer sur le roi, bien supérieur, en réalité, à ses ministres, ce don de séduction qu'il portait en lui et qui séduisit Mme de Staël, Haller, Alexandre Ier, Lamennais et tant d'autres. Il ne fut jugé du roi que par des lettres, écrites pour la plupart dans l'agitation de situations extrêmes, dans la ruine de la maison de Savoie et de sa propre maison, liée par un pur dévouement sans récompense ni consolation à l'infortune royale. Peut-être son origine à demi-française fut-elle une des causes de la malveillance de l'entourage du roi. A coup sûr, les préventions du pauvre souverain, aigri par les humiliations et aussi incertain dans sa manière d'apprécier les hommes que dans ses vues politiques, furent entretenues et dirigées contre M. de Maistre par les gens de cour, ennemis nés des gens de robe, qui formaient le seul corps qui leur pût résister, comme ceux-ci détestaient les gens de guerre qui exerçaient à côté d'eux une juridiction abusive. Ainsi, là comme dans la petite cour du prétendant français, les vieilles jalousies survivaient au régime évanoui. Telle est l'histoire de ces deux prêtres, réfugiés à Londres, qui se détestaient et s'évitaient, à cause d'une querelle de jansénisme. »

Cette opposition, cette hostilité du roi de Sardaigne et de son entourage contre Joseph de Maistre est un spectacle pénible, qui vous frappe à chaque page de sa longue *Correspondance*. Ses services sont méconnus ; jamais un mot d'encouragement ; point de compensation, ni de récompense ; même les insignes et les honneurs les plus modestes lui sont refusés. Nous disions plus haut que faute d'argent J. de Maistre ne pouvait même pas porter sa décoration. Remarquons que cette décoration n'était que l'humble petite croix de l'ordre de Saint-Maurice et Saint-Lazare.

Un soir, à la Cour, le chancelier Woronzoff lui demanda : « Est-ce la grand'croix? » De Maistre fut obligé de répondre : Non. Le roi lui avait cependant écrit : « Je sais que le bien de mon service exigerait que vous fussiez décoré. »— « C'est-à-dire, très évidemment, écrit de Maistre, que l'aversion est plus forte que ce qu'il y a de plus fort dans l'Univers, la raison d'Etat. Après cela, il n'y a plus qu'un vilain sans tête et sans cœur qui puisse s'obstiner au service. Dernièrement un homme de ce pays me disait avec une belle naïveté : « Il faut avouer que, si vous jouissez ici d'une grande considération, ce n'est pas aux frais de votre maître. » — « Pourquoi n'avez-vous pas l'habit de chambellan, qui est dû au titre d'envoyé extraordinaire? lui demanda un jour son ami, le duc de Serra-Capriola. — C'est qu'apparemment Sa Majesté a pensé que l'uniforme de Saint-Maurice était suffisant. — Cela ne va pas, reprit le duc, qui, ayant quelque temps après, demandé pour le comte, au roi de Sardaigne, la grand'croix de Saint-Maurice, reçut du roi cette réponse inouïe : « Qu'il ne pouvait l'accorder, étant dépossédé de ses Etats! »

Quand on lit de pareils détails, c'est de l'indignation et du mépris qu'on éprouve pour ce piteux roi de Sardaigne, et on s'étonne que Joseph de Maistre ait pu continuer à prodiguer son dévouement et son génie à un souverain qui lui infligeait de si basses humiliations. Ce refus de la grand'croix devait pousser à bout le pauvre grand homme. Il renonça à servir un pareil roi. Avant de donner sa démission, il écrivit un mémoire, où on lisait ces lignes : « Je vois que la bonté, la bienfaisance, l'humanité de Sa Majesté sont gênées à mon égard, tout comme sa justice. Or, quand un sujet en est venu au point d'embarrasser ainsi les vertus de son maître, il est clair qu'il doit se retirer, puisque cette gêne annonce un obstacle insurmontable... L'époque que Sa Majesté daigne assigner à ce bienfait (la décoration) est celle de sa restauration, dont le moment ne sera sûrement pas celui que fixerait notre désir. En attendant que puis-je répondre à des questions qui se renouvellent trop? Faut-il dire que le roi ne peut accorder aucune décoration à ses ministres jusqu'à ce que les affaires soient rétablies en Europe? Je n'obtiendrais que de justes éclats de rire. Faut-il dire les vraies raisons? Je ne crois pas. Je demeurerai donc ici en butte au ridicule ; on me montrera au doigt ; on dira : « Voilà le phénix de l'humiliation, l'exception à toutes les anciennes règles de sa cour, le ministre unique pour qui son maître a créé un déshonneur tout exprès. » J'aime mieux la mendicité, j'aime mieux la mort qu'une telle humiliation. »

De Maistre, à bout de force, envoya sa démission. Le roi la refusa, répondit qu'il avait besoin de ses services et lui envoya enfin la croix. La nécessité seule poussa l'illustre écrivain à faire cette suprême demande. La privation de la grand'croix était pour lui, à la Cour de Russie, une humiliation inacceptable.

CHAPITRE VII

Projet d'entrevue de Joseph de Maistre avec Napoléon Ier. — Ce que Maistre voulait lui dire. — J. de Maistre et le couronnement de Napoléon par le Pape Pie VII. — Les travaux littéraires à Saint-Pétersbourg. — Le livre « Du Pape ». — Un collaborateur de J. de Maistre. — Apparition du livre. — Indifférence en France et froideur à Rome.

Ce qu'il y a d'admirable, c'est que ni la froideur, ni les ingratitudes de la Cour de Cagliari ne purent affaiblir le zèle et le dévouement du Comte de Maistre. Un trait de sa vie à Pétersbourg montre avec quelle préoccupation, quelle activité et quelle indépendance il comprenait son rôle de représentant du roi de Sardaigne. La paix de Tilsitt venait d'être signée. Après y avoir longtemps songé, de Maistre conçut le projet de tenter une démarche personnelle auprès de Napoléon Ier, en faveur de son malheureux roi dépouillé de ses Etats continentaux. Il crut naïvement que ses bonnes relations avec l'ambassadeur de France, le général Savary, lui faciliteraient cette entrevue, qu'il demandait en son nom personnel et sans l'assentiment du roi de Sardaigne. C'était un dessein hardi, dont le succès eût grandi encore l'influence et la réputation de Joseph de Maistre ; mais il y avait bien des chances pour que l'Empereur fît la sourde oreille et dédaignât d'accepter la proposition. C'est ce qui arriva. On apprit la chose à la Cour de Sardaigne ; le roi très blessé exigea des explications, qui furent données pleines et entières avec cette franchise et cette fierté dont M. de Maistre ne se départait jamais. « Dans ces explications — dit Margerie, de Maistre esquisse avec une grandeur et une netteté admirables un tableau de l'Europe telle que l'ont faite les conquêtes napoléoniennes, la situation nouvelle de la Russie, l'isolement de l'Angleterre qui, désormais, est l'unique et peu sûr point d'appui de la Sardaigne *contre* Napoléon. Il montre de quelle importance il serait pour le roi de se concilier cet homme extraordinaire « auquel, dit-il, je donnerai toutes les épi« thètes qu'on voudra, excepté celle de grand, « laquelle suppose une moralité qui lui manque ».

Il est regrettable que cette généreuse et libre démarche ait échoué. L'Empereur eût entendu de fortes et nobles paroles, qui eussent peut-être éveillé chez lui quelques mouvements de générosité. L'idée de cette entrevue était venue au comte de Maistre au cours d'un entretien qu'il avait eu en passant à Naples avec M. Alquier, ambassadeur de la République française, qui, après avoir entendu très attentivement ce qu'il lui disait sur les affaires du roi de Sardaigne, lui avait répondu avec beaucoup de vivacité : «—M. le comte, qu'allez-vous faire à Pétersbourg? Allez-vous-en à Paris dire ces raisons au premier consul, qui ne les a jamais entendues.

Cette démarche sans succès laissa de Maistre en très bons termes avec l'ambassade française : « Je ne cache pas, disait-il, ma manière de penser (contre les Français) ; cependant cela ne me nuit aucunement auprès de la légation française. Tous me font des politesses, quoique sans aucune avance de ma part, pas même celle d'un billet de visite. » C'était, en effet, assez significatif, surtout si l'on se rappelle que Napoléon avait lu à Milan les *Considérations sur la France* et que son auteur avait demandé à être rayé de la liste des émigrés. De Maistre avait raison de conclure : « Je ne doute pas, au reste, que la tentative « que j'ai faite l'année dernière pour lui parler « (à Napoléon) en faveur de Sa Majesté ne lui « ait été agréable. S'il en avait été autrement, « il me l'aurait assez fait sentir ici, où il est « maître. »

Il expliquait plus tard son projet à M. de Rossi, le secrétaire d'Etat du roi de Sardaigne :

« Je réfléchis sur tout cela, et je me demande s'il n'y aurait pas moyen de tirer parti des circonstances en faveur de S. M. Les hommes extraordinaires ont tous des moments extraordinaires ; il ne s'agit que de savoir les saisir. Les raisons les plus fortes m'engagent à croire que, si je pouvais aborder Napoléon, j'aurais des moyens d'adoucir le lion, et de le rendre plus traitable à l'égard de la Maison de Savoie. Je laisse mûrir cette idée, et plus je l'examine, plus elle me paraît plausible. Je commence par les moyens de l'exécuter, et, à cet égard, il n'y a ni doute ni difficulté. Le Chambellan, M. de Laval, dont il est inutile que je vous parle plus longuemednt, était, comme je vous le disais tout à l'heure, *fait exprès*. Il s'agissait donc uniquement d'écarter de cette entreprise tous les inconvénients possibles, et de prendre garde avant tout de ne pas choquer Napoléon. Pour cela je commence par dresser un mémoire, écrit avec cette espèce de coquetterie qui est nécessaire toutes les fois qu'on aborde l'autorité, surtout l'autorité nouvelle et ombrageuse, sans bassesse cependant, et même, si je ne me trompe, avec quelque dignité.

« Tout étant donc scrupuleusement prévu, et la consultation préliminaire étant impossible, je me déterminai. Maintenant, Monsieur le Chevalier, raisonnons. Que pouvait-il arriver? Ou Napoléon me recevait, ou non. Dans le dernier cas, il n'y a ni bien ni mal de fait : ce n'est rien, et tout reste à sa place. Dans le premier cas je vous avoue que j'avais de grandes espérances. Pour ôter les épines du passage, j'avais exclu le mot *restitution ;* quelle puissance de l'Europe oserait le prononcer? Mais je savais quelles cordes je devais toucher, et il ne s'agissait pour moi que d'arriver. Quand je n'aurais fait qu'amortir la haine et l'infatigable persécution qui nous a fait tant de mal, j'aurais beaucoup fait ».

De Maistre a raconté en détails sa conversation avec Savary au sujet de ce projet. « Je lui dis : « — Général, nous sommes toujours hors de la question, car jamais je ne vous ai dit que je voulusse demander la restitution du Piémont — Mais que voulez-vous donc, Monsieur? — Parler à votre Empereur. — Mais je ne vois pas pourquoi vous ne me diriez pas à moi-même...— Ah ! je vous demande pardon, il y a des choses qui sont personnelles. — Mais, monsieur le comte, quand vous serez à Paris, il faudra bien que vous voyiez M. de Champagny. — Je ne le verrai point, Monsieur le général, du moins pour lui dire ce que je veux dire — Cela n'est pas possible, Monsieur, l'Empereur ne vous recevra pas. — Il est bien le maître, mais je ne partirai pas, car je ne partirai qu'avec la certitude de lui parler... Il en revint toujours à sa première question : — Mais qu'est-ce que vous voulez? Enfin, monsieur, la carte géographique est pour tout le monde ; vous n'y pouvez voir autre chose que ce que j'y vois ; voudriez-vous Gênes? la Toscane? Piombino?... Il parcourait toute la carte. — Je vous ai dit, Monsieur le général, qu'il ne s'agit que de parler tête à tête à votre Empereur, oui ou non.

« Cette conversation mémorable a duré avec une véhémence incroyable jusqu'à deux heures du matin... Ce que je puis dire, c'est que je me suis avancé dans la confiance du général, car en sortant, il dit au chambellan qui l'accompagnait : — Je suis vif ; si, par hasard, j'ai dit quelque chose qui ait pu affliger le comte de Maistre, dites-lui que j'en suis fâché.

« Le résultat a été qu'il se chargerait d'un mémoire que je lui remis peu de jours après. Dans ce mémoire, je demande à m'en aller à Paris avec la certitude d'être admis à parler à l'Empereur sans intermédiaire ; je proteste expressément que jamais je ne dirai à aucun homme vivant (sans exception quelconque) rien de ce que j'entends dire à l'Empereur des Français, pas plus que ce qu'il pourrait avoir la bonté de me répondre sur certains points ; que cependant je ne faisais aucune difficulté de faire à M. le général Savary, à qui le mémoire était adressé, les trois déclarations suivantes : 1re je parlerai sans doute de la maison de Savoie, car j'y vais pour cela ; 2e je ne prononcerai pas le mot de restitution ; 3e je ne ferai aucune demande qui ne serait pas provoquée.

« Si je suis repoussé, je suis ce que je suis,

c'est-à-dire rien... Si je suis appelé, j'ai peine à croire que le voyage ne produise pas quelque chose de bon, plus ou moins... »

Joseph de Maistre s'était résolu a demander une audience à Bonaparte, lorsqu'il fut bien prouvé que le roi de Sardaigne se refusait à prendre toute initiative de rapprochement avec la France. Malgré son aversion contre Bonaparte, l'auteur des *Considérations sur la France* ne croyait pas l'ennemi de son roi tout à fait incapable d'un mouvement de générosité. Il se flattait, en tous cas, qu'on l'écouterait. Savary et l'Empereur de Russie encourageaient cette démarche. Qu'est-ce que Joseph de Maistre voulait dire au juste à Bonaparte? Il ne s'est jamais expliqué là-dessus, et l'on s'est perdu en conjectures. L'aurait-il imploré? Se serait-il jeté à ses pieds? Aurait-il fait appel à sa pitié? Il est peu probable qu'il eût pris cette humiliante attitude. Peut-être se proposait-il simplement de causer avec le Maître de l'Europe pour lui faire entendre qu'il partageait ses idées sur un rapprochement avec la France. Peut-être espérait-il être autorisé par Napoléon à faire entendre ces vérités au roi Victor-Emmanuel.

« Quand Savary, dit M. Mandoul, lui demandait : « Mais qu'est-ce que vous voulez?... Voudriez-vous Gênes? la Toscane ? Piombino? » il répondait invariablement : « Je vous ai dit, Monsieur le général, qu'il ne s'agit que de parler tête à tête avec votre Empereur : oui ou non. » Il prétendait, du reste, aller à Paris sans titre, sans caractère officiel : le roi son maître ignorait sa démarche ; l'empereur de Russie seul la connaissait et l'approuvait.

« Rien ne justifiait cette confiance. Il était inadmissible que Napoléon consentît à traiter pour ainsi dire d'égal à égal avec J. de Maistre, quelque brillante que fût la réputation européenne du grand écrivain. D'après les lois du Consulat, il était toujours Français. C'était comme par faveur qu'on lui avait accordé de rester au service du roi de Sardaigne. S'il mettait le pied sur le territoire français, il n'était plus qu'un sujet de Napoléon. Il exigeait que, dans le passeport qui lui serait accordé, mention fut faite de sa situation de ministre sarde. Napoléon pouvait-il se prêter à une pareille combinaison ? »

Malgré la grande sympathie que lui témoigna Savary et toutes les facilités qu'on lui offrait pour aplanir l'entrevue, il est à peu près démontré que la demande ne fut jamais transmise à Napoléon.

« Napoléon n'en parla ni à son ambassadeur, à Pétersbourg, ni à l'ambassade russe à Paris ; la correspondance de Savary et celle de Caulaincourt sont muettes sur ce point. J. de Maistre ne gagna à ces démarches que de se rendre un peu plus suspect à la Cour de Cagliari, qui déclara, comme preuve de bienveillance, vouloir bien seulement ne pas donner *d'interprétation sinistre* à son projet. C'était toujours la même politique... »

Joseph de Maistre se consola de son échec, mais demeura toujours persuadé (et peut-être avait-il raison) que cette entrevue eût été profitable à la maison de Savoie. En attendant, il ne cessa de prêcher à son souverain, avec son habituelle réserve respectueuse, la politique du rapprochement avec la France, qu'on ne voulut jamais adopter.

Joseph de Maistre avait ainsi très souvent d'amères désillusions, et les événements venaient parfois cruellement humilier ses sympathies et ébranler ses principes.

Sa vénération pour le pape et ses convictions royalistes subirent notamment une rude épreuve, le jour où Napoléon obtint de Pie VII la promesse de venir le couronner solennellement à Paris. Considérant la religion comme inséparable de la monarchie légitime, de Maistre écrivait en février 1804, à propos de Pie VII : « Il paraît par des relations incontestables, qu'on est fort mécontent à Paris... On s'y moque assez joliment du *bonhomme* qui, en effet, n'est que cela, soit dit à sa gloire ; mais ce n'est pas moins une très grande calamité publique qu'un *bonhomme*, dans une place et à une époque qui exigeraient un grand homme... Je n'ai point de termes pour vous peindre le chagrin que me cause la démarche que va faire le Pape. S'il doit l'accomplir je lui *souhaite de bon cœur la mort*, de la même manière et par la même raison que je la souhaiterais aujourd'hui à mon père, s'il devait se déshonorer demain (1). »

De Maistre avait la franchise trop violente pour cacher son indignation même au Pape. Il lui écrivit en latin des lettres énergiques, qui heureusement ne furent pas remises à Pie VII. On a dit que le regret de cette attitude peu respectueuse aurait inspiré à de Maistre la pensée d'écrire son livre *Du Pape*. Rien n'est moins prouvé. Ce qui est sûr, c'est qu'il s'est montré très dur envers Pie VII, dans les lettres qu'il écrivait à ses amis ; il parlait de hideuse apostasie, de Cham et de Noé... Il comprit plus tard l'injustice de cette appréciation, quand il vit le Pape braver la persécution et la prison plutôt que d'accorder à Napoléon un divorce que les ennemis de l'Eglise déclarent si facile à obtenir de la Cour de Rome. De Maistre écrivait en 1809 au chevalier de Rossi :

« Plusieurs personnes, comme vous l'imaginez, disent que le Pape, en sacrant Napoléon, a mérité le traitement qu'il éprouve. D'un autre côté, les Janissaires du Saint-Père (les

(1) A. Blanc, *Mémoires politiques*, p. 137, 139. Cité par Latreille. (Cf. *Correspondance*).

Jésuites), qui sont ici, avancent plusieurs raisons pour établir qu'il n'eut point de tort, à cette époque, et qu'il ne se détermina que sur d'excellents motifs. Pour moi, j'y consens. Il me choqua étrangement par ce sacre, mais quand il aurait eu quelque tort de s'y prêter, sa conduite dans ces derniers temps a été si pure et si intrépide, que personne n'aurait droit de rappeler l'époque du sacre ».

Le couronnement de Napoléon par Pie VII est une concession qui pouvait, en effet, sincèrement irriter le royalisme de Joseph de Maistre ; mais comment n'a-t-il pas vu que le Pape était à peu près dans l'impossibilité absolue de se soustraire à un tel désir? Le Pape et la religion devaient tout à un souverain qui avait rétabli le culte catholique, institué le Concordat et qui pouvait encore sinon l'abolir, du moins provoquer bien des ennuis à l'Eglise, au cas où un refus pontifical eût rappelé au vainqueur de Marengo qu'il n'était que l'usurpateur des Bourbons. C'eût été la guerre avec l'Eglise. Pie VII vit les conséquences et accepta d'aller sacrer Napoléon Ier à Notre-Dame, au grand scandale des généraux, qui se demandaient si c'était la peine d'avoir fait la Révolution pour finir par cette apothéose religieuse. « Le monarque qu'il s'agit de couronner, avait écrit le Cardinal Caprera, trouverait très mauvais et regarderait comme une injure que Sa Sainteté élevât des difficultés ou cherchât à temporiser. » Le Pape se trouvait dans l'impuissance d'éluder une invitation qui était un ordre et une menace.

De Maistre eut tort de blâmer si brutalement la conduite de Pie VII, mais enfin ce blâme n'était pas un crime inexpiable. La conduite politique d'un Pape peut être librement jugée par les fidèles, et un manque de respect à cet égard n'est pas une erreur de doctrine. De Maistre reconnut lui-même l'injustice d'une appréciation qui ne l'empêcha pas, d'ailleurs, d'écrire son magnifique livre *Du Pape.* Ce livre, comme le dit M. Latreille, qui n'est pas suspect, ne fut pas « une pénitence qu'il s'imposa pour expier sa faute. Ce n'est pas l'œuvre d'un publiciste qui a trouvé son chemin de Damas et qui, après avoir rabaissé le Souverain Pontife dans un moment d'humeur, se met à l'exalter quand la colère a fait place au repentir. C'est la marche des événements en Europe et le développement logique de la pensée de Joseph de Maistre qui l'ont conduit à étudier la question de la suprématie du pouvoir spirituel. »

Cette indépendance d'esprit que Joseph de Maistre montra toujours, malgré ses convictions et au milieu de ses dévouements les plus sincères, fut certainement une des causes qui expliquent la froideur et l'antipathie du roi de Sardaigne à son égard. Il n'y a qu'un souverain qui ait vraiment compris la noblesse et le génie de ce grand

PIE VII BÉNISSANT LES FIDÈLES ASSEMBLÉS DANS SES APPARTEMENTS
DU PAVILLON DE FLORE, AUX TUILERIES

p. 141-145

homme méconnu : c'est l'Empereur de Russie. Il lui donna notamment, en 1812, une preuve d'estime et d'admiration qui mérite d'être rappelée.

En 1812, à la veille de la terrible guerre où devait sombrer le prestige de Napoléon, l'empereur Alexandre fit proposer à Joseph de Maistre le poste de rédacteur confidentiel pour les notes, dépêches et mémoires politiques. Il fallait se décider tout de suite. C'était une situation enviable, qui plaçait de Maistre dans l'intimité de la Cour impériale, et lui créait en perspective un bel avenir de rémunération, de confiance et d'honneur. Le roi de Sardaigne avait tout à gagner au rapprochement de son ministre avec le seul souverain capable de contrebalancer l'écrasante domination de Napoléon. De Maistre accepta donc en principe les offres du Czar, en attendant le consentement de son roi, qui ne lui paraissait pas douteux. « Observez, Sire, écrivait-il au Czar, une chose très essentielle : je ne copierai pour moi aucune pièce ; je n'insérerai dans mes dépêches officielles aucune phrase prise dans vos papiers secrets ; mais, pour le fond des choses, je ne puis vous promettre aucun secret vis-à-vis de mon maître. »

« Un cabinet composé de véritables hommes d'Etat, dit Margerie, d'hommes connaissant les hommes et sachant s'élever jusqu'à cette confiance qui est l'habileté même quand elle s'adresse bien, eût saisi au vol cette occasion si rarement offerte au faible de rendre service au fort et de placer à gros intérêts sur sa reconnaissance future. Il eût, de plus, permis à son ministre de faire des conditions moins dures au puissant souverain qui lui demandait sa collaboration ; il lui eût *ordonné* de promettre le secret pour toutes les choses indifférentes au service du roi. Enfin il eût mis sous la plume du roi lui-même quelques mots délicats et nobles adressées au Czar pour le remercier, de souverain à souverain, de l'honneur qu'il lui faisait d'attacher tant de prix aux services de son ministre. »

Rien de tout cela n'arriva. La Cour de Sardaigne tarda de répondre et, grâce à ce retard, fit échouer la négociation. Enfin le roi informa Joseph de Maistre *qu'il approuvait ce qu'il avait fait.* Le Czar ne reparla plus du projet, et de Maistre resta suspect à l'Empereur, qui ne crut peut-être pas à ses promesses de discrétion diplomatique, et suspect au roi de Sardaigne, qui le soupçonna d'avoir voulu passer au service de l'empereur Alexandre.

A partir de ce moment, tout en gardant sa sympathie à Joseph de Maistre, l'empereur Alexandre mit moins de chaleur dans son amitié, surtout après l'affaire des Jésuites, dont l'inflexible ultramontain devait ouvertement prendre la défense.

Dans sa vie de déboires, de soucis privés, de mondanités officielles et de correspondances diplomatiques, J. de Maistre trouvait le temps, nous l'avons dit, de lire et de travailler. Les quatre plus célèbres ouvrages qu'il écrivit en Russie sont les *Soirées de Saint-Pétersbourg*, *Du Pape*, l'*Examen de la philosophie de Bacon*, et *L'Eglise Gallicane*.

M. Latreille nous a raconté en détails la genèse du *Pape*, le bruit que fit cette œuvre, l'influence qu'elle exerça en Europe. M. Latreille a fixé d'une façon définitive la figure intellectuelle de Joseph de Maistre, qui nous apparaît désormais comme un écrivain illuminateur et prophétique ; préoccupé de frapper fort autant que de frapper juste ; aimant par dessus tout la véhémence et l'affirmation ; pamphlétaire et polémiste jusque dans les domaines de la philosophie et de l'histoire, très enclin à faire de ses convictions un système ; avide d'exagérations jusqu'à donner à la vérité l'attitude agressive du paradoxe ; instruit, certes, érudit et consciencieux, mais pensant surtout par lui-même ; transfigurateur et observateur de génie, heureux de réhabiliter et d'imposer les vieux principes de théocratie religieuse et politique que repoussait le monde nouveau, la France et l'Europe de la Révolution. Aux aspirations libérales qui gagnaient l'Etat et l'Eglise, il opposait les affirmations de la vieille catholicité du moyen âge, et rebâtissait à ciel ouvert l'édifice qu'on voulait détruire. L'autorité de sa parole, la hardiesse de ses idées, le génie de ses conceptions, le despotisme de sa doctrine devancèrent les décisions de l'Eglise et préparèrent la promulgation du dogme de l'Infaillibilité.

On a accusé de Maistre d'avoir parfois négligé le document, de n'avoir pas assez accordé d'importance aux preuves historiques. Mais, comme le dit très bien M. Latreille, « le livre *Du Pape* est autre chose qu'un recueil de citations, qu'un catalogue de témoignages protestants, gallicans, jansénistes, russes, en faveur de la suprématie pontificale. Ceci enlevé, il reste une théorie, une doctrine qui relève de la pensée avant d'être subordonnée aux faits et qui même entourée de faits controuvés, garde encore une fière allure. J. de Maistre n'a été qu'un érudit médiocre, mais sa philosophie est de qualité supérieure ; c'est dans l'enchaînement des idées et dans le mouvement de la dialectique que réside la valeur du *Pape.* »

Le mérite de ce livre, en effet, est d'être un grand et bel ouvrage de synthèse théologique et historique, d'avoir démontré et proclamé une formule qui devait être un dogme.

Pour Joseph de Maistre, souveraineté chez le Pape est synonyme d'infaillibilité. « Il est aussi essentiel à l'Eglise d'être infaillible dans ses jugements, disait Isaac Papin, ministre protestant converti au XVIIe siècle, qu'il est essentiel au magistrat souverain de prononcer en dernier ressort. Pourquoi? Parce que l'autorité de Jésus-Christ s'exerce sur l'esprit comme celle du magistrat s'exerce sur le corps, de sorte que l'autorité dont l'Eglise est revêtue doit être telle que l'esprit soit obligé de s'y soumettre, comme celle dont les ministres du prince sont revêtus doit être telle que le corps soit obligé de subir leurs arrêts. Or, l'esprit ne peut être obligé de se soumettre qu'à un jugement infaillible, comme le corps ne peut être obligé de subir qu'une sentence définitive et sans appel. Un Etat ne peut se passer d'une autorité souveraine, l'Eglise ne peut se passer d'une autorité infaillible. »

C'était l'idée même de Saint-Bonnet : « Quiconque a sérieusement compris que l'homme est un être libre, a compris la nécessité d'une lumière en permanence sur la terre ; et, comme cette lumière ne saurait être douteuse, il a compris la nécessité de l'Eglise ; et comme cette Eglise pourrait se rompre, il a compris la nécessité du Pape, d'une seule racine à l'Eglise ; et comme le Pape est la parole et la racine de l'Église, il a compris l'infaillibilité du Pape même. Ce sont là les anneaux d'une chaîne que tout métaphysicien doit sentir. »

Les principes qui justifient le dogme de l'Infaillibilité pontificale sont aujourd'hui généralement compris même par les rationalistes qui veulent se donner la peine de raisonner. Il n'y a plus guère que quelques protestants attardés, ou peu au courant des questions religieuses, qui ne parviennent pas à s'expliquer la légitimité et la logique de ce dogme.

J. de Maistre eut, pour son ouvrage *Du Pape*, une sorte de collaborateur, de Place, son éditeur, catholique aussi ultramontain, plus lettré, plus érudit et peut-être même plus consciencieux que lui. De Place lut et relut le manuscrit, contrôla tout, revisa tout, pesant les raisons, examinant les preuves, comparant les citations, proposant ses remarques, soulignant les assertions douteuses, refaisant les recherches, scrupuleux à l'excès, approuvant la doctrine, mais soucieux de loyauté et de courtoisie envers des adversaires qui formaient à cette époque presque la majorité du clergé français. Il faut lire dans l'intéressant volume de M. Latreille cette curieuse correspondance entre de Maistre et son collaborateur, pour voir la part qui revient au modeste de Place et tout ce que lui doit de Maistre, qui habituellement docile, rendait hautement justice à ses lumières et à sa compétence.

L'ouvrage *Du Pape* parut en 1819 (2 vol. in-8), et la 2e édition en 1821. De Maistre commença à y travailler vers 1815. Il écrivait en 1816 à Mme Swetchine : « Je griffonne maintenant, et même j'ai fort avancé le second livre de cet ouvrage (*Du Pape*), dont le premier vous a été lu ; il me semble que *cela vient.* » Un an après : il ajoute : « J'achève un ouvrage sur le Pape, où j'ai réuni tout ce que je sais et tout ce que je puis. Le titre n'est pas long : *Du Pape.* Je ne puis dire si j'imprimerai ; je suis mal placé, trop loin des grands foyers de lumières, nullement soutenu, etc., etc... Avant le solstice, je serai à Turin. Là, je verrai ce que me conseilleront ou m'ordonneront les circonstances. »

Il écrit à Mgr Rey, après l'apparition de l'ouvrage :

« De toutes les personnes à qui j'ai fait remettre l'ouvrage à Paris, M. de Chateaubriand seul m'a répondu. Le silence de MM. de Bonald et de Marcellus m'étonne fort ; probablement ils craignent l'influence du jour. Vous verrez qu'incessamment les libéraux me feront déchirer officiellement. Ce livre me donnera peu de contentement dans les premiers temps ; peut-être me donnera-t-il beaucoup de désagréments ; mais il est écrit, et il fera son chemin en silence. Rodolphe peut-être recevra des compliments. La grande explosion des *Considérations sur la France* s'est faite plus de vingt ans après la date du livre... Soutenez-moi de toutes vos forces, mon très cher abbé, car, il faut que j'aie au moins un grand vicaire pour moi. »

Malgré ses hautes qualités de pensée et de style, le livre *Du Pape* n'obtint pas d'abord le succès que son auteur était en droit d'en attendre. Cette glorification de la suprématie pontificale était faite pour étonner le clergé français, en majorité gallican. Le monde ecclésiastique, prêtres et évêques, très peu instruit en 1819 et peu au courant des discussions théologiques, semble avoir accueilli le livre avec la plus parfaite indifférence. Le clergé de cette époque était encore trop attaché aux anciennes prérogatives nationales pour voir d'un œil favorable une apologie aussi absolue de la théocratie romaine. Ce fut une stupeur, non seulement dans le clergé, mais chez les libéraux et surtout chez les royalistes, désorientés par une thèse qui, après la Révolution française et à l'aurore du XIXe siècle, reprenait les traditions du moyen âge et accordait au Pape le droit même de déposer les rois.

L'attentat de Louvel (février 1820) paraît avoir retardé le succès du livre. « Le grand crime du 13 février, écrit de Maistre à sa fille Constance, éclipse le *Pape*, déjà repoussé dans l'ombre par le gouvernement. Tu as dû observer que tous les journaux se sont tus, même ceux qui avaient promis de parler ; j'entends bien qu'en mettant la main sur l'issue d'une fontaine, on réussit à la faire jaillir plus loin un instant après ; mais, en attendant, elle

Guy-Marie de Place.

p. 153-154

cesse de couler. Rusand (son éditeur, à Paris) m'écrit par ce courrier (21 février 1820) qu'après un mouvement assez vif, l'écoulement s'est tout de suite arrêté, et que la vente va très lentement. Qui pourrait penser à mon livre après ce qui s'est passé? Dans vingt ans peut-être il en sera question. »

M. de Marcellus écrivit enfin à son auteur une lettre pleine d'admiration ; mais le silence des journaux français inquiétait de Maistre.

« Aucun de vos journaux n'a osé prendre la parole en France sur mon ouvrage. Si l'horrible forfait du 13 (février) a paralysé toutes les plumes et distrait les yeux de tout autre objet, je n'ai rien à dire ; mais si le silence de ces journaux tient à d'autres causes, je m'attendais, je vous l'avoue, à plus de courage et de générosité. Quel étranger vous a jamais et plus connus et plus aimés? Quel écrivain vous a rendu plus de justice? J'ai surtout porté votre clergé aux nues ; et parce que j'ai frappé sur quelques préjugés dont il convient qu'il se défasse pour servir avec plus de succès la grande cause, le voilà qui demeure étourdi du coup, comme si j'avais nié l'existence de Dieu ! Il vaut donc mieux lui faire entendre la vérité tout entière, et c'est ce que je ferai. »

La plus belle lettre de félicitations que reçut Joseph de Maistre fut celle de Lamartine, qui devait être si sévère et si injuste pour lui en 1851;

« Vous avez fondé, lui écrivait le poète, une école impérissable de haute philosophie et de politique chrétiennes qui jette des racines, surtout parmi la génération qui s'élève : elle portera ses fruits, et ils sont jugés d'avance... Votre dernier ouvrage (*Du Pape*) a produit ici une sensation fort supérieure à tout ce que vous pouviez paternellement en espérer. Vous aurez été surpris que les journaux, surtout ceux qui devaient principalement adopter vos idées, soient restés presque dans le silence à votre égard ; mais cela tient à quelques préjugés du pays, dont vous savez si admirablement les ridicules prétentions gallicanes, et à un *mot d'ordre* qu'on a cru devoir religieusement observer... Cela n'a, du reste, arrêté en rien la rapide circulation de l'ouvrage ; au contraire, il est partout, et partout jugé avec toute l'admiration et l'étonnement qu'il mérite : c'est assez vous dire que de vous assurer que vous êtes à votre place à la tête de nos premiers écrivains... »

Lamennais, alors aussi ultramontain que de Maistre, fut le premier à signaler un ouvrage que semblait désavouer l'opinion publique et que saluaient cependant avec éloge Lamartine et Bonald. La première édition s'écoula néanmoins rapidement et il parut une contrefaçon en Belgique (Latreille). En 1821, après la publication posthume des *Soirées de Saint-Pétersbourg* et de *L'Eglise gallicane*, le succès *Du Pape* se dessina et son influence commença à se faire sentir, malgré la résistance du clergé français et les réfutations du cardinal de la Luzerne, de l'abbé Baston et de Rabbe.

M. Latreille a publié des détails intéressants sur la façon dont le livre *Du Pape* fut accueilli à Rome. Un sentiment de délicatesse bien narelle avait empêché de Maistre d'envoyer directement son livre au Saint-Père. Au lieu des félicitations qu'il attendait, l'auteur fut obligé de constater que Rome gardait un silence prudent et que le Pape lui-même s'effrayait de lire une apologie si violente. « A Rome, écrivait de Maistre, on n'a point compris cet ouvrage, au premier coup d'œil ; mais la seconde lecture m'a été tout à fait favorable. Ils sont fort ébahis de ce nouveau système et ont peine à comprendre comment on peut proposer à Rome de nouvelles vues sur le Pape ; cependant il faut bien en venir là. »

De Maistre avait pressenti cette réserve et cette froideur du Saint-Siège, quand il écrivait à de Place : « Si Rome condamnait mon ouvrage, je n'en serais point surpris. » — « Rome, concluait-il, enfin, n'est pas encourageante. Je sais bien qu'il faut la servir, comme toutes les autres souverainetés, malgré elle. Cependant l'humanité ne saurait être totalement effacée, et, dans certains moments, on se sent engourdi. » Tout ce qu'on put faire dans l'entourage du

Pape, ce fut d'examiner le livre et de proposer à l'auteur un certain nombre de corrections qu'il s'empressa d'approuver. Persuadé que son œuvre au fond n'avait pas déplu au Vatican, de Maistre pria Pie VII de vouloir bien accepter la dédicace de la seconde édition. On lui fit répondre que « vu les circonstances actuelles, Sa Sainteté n'osait pas accepter cette épître dédicatoire. »

C'est seulement après la mort de l'auteur que le livre *Du Pape* eut son véritable succès et exerça toute son influence.

Dernière entrevue de Napoléon et d'Alexandre.

La retraite de Russie : départ de Moscou, le 19 octobre

p. 157-158

CHAPITRE VIII

Les ennemis de J. de Maistre : Voltaire et Bacon. — Le « Lépreux de la vallée d'Aoste ». — Une collaboration de Xavier de Maistre. — L'incendie de Moscou. — L'expulsion des Jésuites en Russie. — J. de Maistre et les Jésuites.

Ce qui avait déplu au public religieux de l'époque, c'était la violence du ton, l'autorité, la verve agressive des procédés de démonstration et du style qui font de Joseph de Maistre une sorte de polémiste perpétuel, un démolisseur arrogant et impitoyable de doctrines et de sophismes. Il avait le tempérament batailleur, la fougue et l'intolérance de tous ceux qui possèdent la certitude et l'évidence de la vérité. Quand de Maistre se mit à écrire, il existait des idoles qu'il fallait renverser et qu'un chrétien ne pouvait se dispenser de haïr. Voltaire fut certainement le philosophe qu'il détesta le plus. On connaît la page terrible des *Soirées de Saint-Pétersbourg*. Il est souvent question de Voltaire dans sa *Correspondance* et plusieurs fois assez contradictoirement.

On ne parvient pas à bien savoir si Joseph de Maistre, qui lisait tout, avait réellement lu Voltaire. Il s'en défend comme d'une humiliation; d'autres fois il semble le connaître à fond. Il le cite cinquante-quatre fois dans le livre *Du Pape*, « pour s'appuyer, dit Courtat, sur son autorité comme historien, et seulement douze fois pour la combattre ou pour en plaisanter ». Le comte de Maistre, ne s'en cachait pas : « Voltaire, dit-il, est le plus méprisable des écrivains, lorsqu'on ne le considère que sous le point de vue moral ; et, par cette raison même, le meilleur témoin pour la vérité, lorsqu'il lui rend hommage par distraction. » Quand il a fini d'attaquer et de réfuter, l'auteur des *Soirées* marque l'adversaire au fer rouge :

« D'autres cyniques étonnèrent la vertu, Voltaire étonne le vice. Il se plonge dans la fange, il s'y roule, il s'en abreuve ; il livre son imagination à l'enthousiasme de l'enfer, qui lui prête toutes ses forces pour le traîner jusqu'aux limites du mal. Il invente des prodiges, des monstres qui font pâlir. Paris le couronna, Sodome l'eût banni. Profanateur effronté de la langue universelle et de ses plus grands noms, le dernier des hommes après ceux qui l'aiment ! Comment vous peindrai-je ce qu'il me fait éprouver? Quand je vois ce qu'il pouvait faire et ce qu'il a fait, ses inimitables talents ne m'inspirent plus qu'une espèce de rage sainte qui n'a pas de nom. Suspendu entre l'admiration et l'horreur, quelquefois je voudrais lui faire élever une statue... par la main du bourreau. »

Locke, le père du sensualisme et du matérialisme philosophique, que Voltaire découvrit et imposa à tout le XVIIIe siècle, est encore un des écrivains que Joseph de Maistre a attaqué le plus âprement.

Mais l'ennemi qu'il combattit corps à corps et qu'il entreprit d'anéantir, c'est Bacon, qui jouissait jusqu'alors d'une autorité universelle. Maistre prit la peine de lire la plume à la main ses œuvres complètes, et il écrivit vers 1815 un gros livre qui ne parut qu'après sa mort : l'*Examen de la philosophie de Bacon.* « Je ne sais comment, disait-il, je me suis trouvé conduit à lutter mortellement contre le feu chancelier Bacon. Nous avons boxé comme deux forts de Fleet-Street ; et, s'il m'a arraché quelques cheveux, je pense bien aussi que sa perruque n'est plus à sa place. » Le mot est juste ; Joseph de Maistre aimait ces boxes de génie. Le réquisitoire contre Bacon est un chef-d'œuvre d'argumentation et de violence.

Ses travaux personnels n'empêchaient pas le comte de Maistre de s'intéresser aux ouvrages d'autrui. Il prenait part, entre autres, à ceux de son frère, qu'il aimait profondément. Il admirait ses livres, le *Lépreux de la cité d'Aoste* et le *Voyage autour de ma chambre*, pour lequel il fit même une préface, comme il l'apprend, en 1817, à un de ses correspondants :

« A propos de *Voyage autour de ma chambre*, avez-vous lu la préface de la dernière édition? Elle est de ma façon, et je serais curieux de savoir si vous trouvez cette bagatelle écrite en style *comme nous*. Puisque vous m'avez fait rire, mon cher Marquis, je ne veux pas demeurer en reste avec vous. Sachez donc qu'un censeur de cette capitale, en examinant pour l'impression *le Lépreux de la Cité d'Aoste*, dit, en jetant les yeux sur le titre: *Hein! On a déjà beaucoup écrit sur cette maladie !* Ce qui signifiait que mon frère aurait bien pu se dispenser de se mettre sur les rangs. Cela ne vous paraît-il pas joli? Malgré un avertissement aussi sage, je serais tenté d'écrire encore sur la lèpre, quand je pense à la France, qui est aussi lépreuse, et qui le sera jusqu'à ce qu'elle ait obéi à la loi. Il a été dit aux lépreux en général : *Allez, montrez-vous aux prêtres.* Il n'y a pas moyen de se tirer de là. Ce que vous me dites sur les *curés* est exquis ; mais je ne puis allonger mon discours, il faut faire des coffres et des visites. »

De Maistre ajoute ailleurs d'intéressants détails sur le personnage du *Lépreux :*

« L'auteur du *Voyage autour de ma chambre* et du *Lépreux de la Cité d'Aoste* est fait pour sentir et apprécier des éloges aussi bien tournés et aussi séduisants que ceux que vous avez la bonté de lui adresser. Mon frère s'empressera certainement de vous répondre. En attendant, Monsieur, je puis vous apprendre que l'infortuné lépreux a certainement existé (quoique nous ne sachions plus s'il existe encore), que mon frère, dont le régiment se trouvait, il y a vingt ans peut-être, à la cité d'Aoste, passait tous les jours devant la cabane de ce pauvre homme, et qu'il lui a parlé souvent. Mettez tout le reste, s'il vous plaît, sur le compte de la vigoureuse et philosophique imagination qui a eu l'honneur de vous intéresser si vivement, et, croyez moi, Monsieur n'allez point à la cité d'Aoste, du moins pour y voir le lépreux.

« Un certain clerc de paroisse disait avec une belle emphase, à propos d'un sermon qu'il entendait porter aux nues : *C'est bien moi qui l'ai sonné !* J'aurais quelques droits de m'attribuer un mérite à peu près de ce genre, au sujet du *Lépreux*, car *c'est* bien *moi* qui l'exhumai, il y a cinq ou six ans, du portefeuille où le plus insouciant des hommes le tenait enseveli, et qui le jetai dans le monde à Saint-Pétersbourg, malgré l'auteur qui disait très sérieusement : *Peut-être que cela ne vaut rien !* Arrivé à Paris, qui est la ville des succès, le *Lépreux* y a fait la fortune que vous connaissez et dont votre lettre est une excellente preuve. »

Par contre, Villemain assure que ce fut Xavier de Maistre et non Joseph qui écrivit la belle description de la promenade en barque sur la Néva, qui ouvre les *Soirées de Saint-Pétersbourg* et qui vaut la peine d'être rappelée :

« Au mois de juillet 1809, à la fin d'une journée des plus chaudes, je remontais la Néva dans une chaloupe, avec le conseiller privé de T... et le chevalier de B... L'un et l'autre m'accompagnaient, ce jour-là, jusqu'à la maison de campagne où je passais l'été. Quoique située dans l'enceinte de la ville, elle est cependant assez éloignée du centre pour qu'il soit permis de l'appeler *campagne* et même *solitude ;* car il s'en faut de beaucoup que toute cette enceinte soit occupée par les bâtiments ; et, quoique les vides qui se trouvent dans la partie habitée se remplissent à vue d'œil, il n'est pas possible de prévoir si les habitations doivent un jour s'avancer jusqu'aux limites tracées par le doigt hardi de Pierre Ier.

« Il était à peu près 9 heures du soir ; le soleil se couchait par un temps superbe ; le faible vent qui nous poussait expira dans la voile que nous vîmes *badiner*. Bientôt le pavillon qui annonce du haut du palais impérial la présence du souverain, tombant immobile le long du mât qui le supporte, proclama le silence des airs. Nos matelots prirent la rame ; nous leur ordonnâmes de nous conduire lentement.

« Rien n'est plus rare, mais rien n'est plus enchanteur qu'une belle nuit d'été à Saint-

Pétersbourg, soit que la longueur de l'hiver et la rareté de ces nuits leur donnent, en les rendant plus désirables, un charme particulier ; soit que réellement, comme je le crois, elles soient plus douces et plus calmes que dans les plus beaux climats.

« Le soleil qui, dans les zones tempérées, se précipite à l'occident, et ne laisse après lui qu'un crépuscule fugitif, rase ici lentement une terre dont il semble se détacher à regret. Son disque environné de vapeurs rougeâtres roule comme un char enflammé sur les sombres forêts qui couronnent l'horizon, et ses rayons, réfléchis par le vitrage des palais, donnent au spectateur l'idée d'un vaste incendie.

« Nous rencontrions de temps en temps d'élégantes chaloupes dont on avait retiré les rames, et qui se laissaient aller doucement au paisible courant des eaux. Les rameurs chantaient un air national, tandis que leurs maîtres jouissaient en silence de la beauté du spectacle et du calme de la nuit.

Près de nous une longue barque emportait rapidement une noce de riches négociants. Un baldaquin cramoisi, garni de franges d'or, couvrait le jeune couple et les parents. Une musique russe, resserrée entre deux files de rameurs, envoyait au loin le son de ses bruyants cornets. Cette musique n'appartient qu'à la Russie, et c'est peut-être la seule chose particulière à un peuple qui ne soit pas ancienne...

« A mesure que notre chaloupe s'éloignait, le chant des bateliers et le bruit confus de la ville s'éteignaient insensiblement. Le soleil était descendu sous l'horizon ; des nuages brillants répandaient une clarté douce, un demi-jour doré qu'on ne saurait peindre, et que je n'ai jamais vu ailleurs. La lumière et les ténèbres semblaient se mêler et comme s'entendre pour former le voile transparent qui couvre alors ces campagnes. »

Sainte-Beuve ne met pas en doute cette collaboration : « M. de Maistre, dit-il manque essentiellement d'une qualité qui fait le charme des écrits de son frère : une certaine naïveté gracieuse et négligente, le *molle atque facetum*, *l'aphelia*. Je tiens de bonne source que, la première fois qu'il eut entre les mains le *Voyage autour de ma chambre*, il n'en sentit pas toute la finesse légère. Il y avait même fait des corrections et ajouté des développements qui nuisaient singulièrement à l'atticisme de ce charmant opuscule ; mais il eut assez de confiance dans le goût d'une femme, d'une amie qu'il voyait alors à Lausanne, pour sacrifier ses corrections et rétablir le *Voyage* à peu de chose près dans sa simplicité primitive. Lorsque plus tard, à Saint-Pétersbourg, en 1812, il en donna une nouvelle édition, en y joignant le *Lépreux*, il y mit une

UNE CARICATURE DES ULTRAMONTAINS.

préface spirituelle assurément, mais un peu raide et prétentieuse dans son persiflage. »

C'est que de Maistre était avant tout un penseur, qui de toutes les qualités du style possédait surtout la force, la noblesse, la haute tenue et l'éloquence. Il est inutile, par exemple, de chercher dans ses six volumes de *Correspondance*, une description de nature ou de paysage. A Rome, il n'a senti que la Rome chrétienne et il ne semble pas avoir été beaucoup impressionné par les Musées et les Beaux-Arts. Il aimait cependant la peinture et quelques grands artistes classiques comme Raphaël et Poussin.

De Maistre nous a cependant laissé quelques pages évocatives, comme l'incendie de Moscou, sur lequel il a eu là-bas des renseignements très particuliers :

« Il est bien prouvé maintenant que Moscou, du moins en très grande partie, n'a été brûlé que par les Russes ; il y a même des doutes sur le palais de Pétrosky ; le seul crime *direct* de ce genre qui demeure incontestablement à la charge de Napoléon, c'est la destruction du Kremlin. Au reste, si les Russes ont brûlé leur capitale de désespoir, le crime ne retombe pas moins indirectement sur le féroce envahisseur....

« On ne sait point encore précisément ce qui a été brûlé par les Français l'intérêt du gouvernement est de tout mettre sur leur compte, mais en tout cas, ce ne sont pas les Russes qui ont fait sauter le Kremlin, et brûlé le palais de l'Empereur à l'endroit nommé Pétrosky, aux portes de Moscou ; Napoléon y logeait lui-même, et il a commis l'infamie d'y faire mettre le feu en le quittant ; l'Impératrice Elisabeth a dit sur cela, avec une élégante énergie : « *Je suis bien aise qu'il ait brûlé ce qu'il avait souillé.*

« Malgré tout ce qu'on avait emporté de Moscou, la perte dans tous les genres est incalculable, et Napoléon a dit avec raison dans l'un de ses bulletins qu'elle doit être évaluée à *plusieurs milliards.* La perte en édifices seule fait tourner la tête. Ajoutez les meubles de toute espèce, les tentures précieuses, les statues, les livres, les tableaux, etc., etc.; il y a de quoi faire fondre en larmes. Pour ne parler que de mes connaissances particulières, la maison du comte Alexis Razumowsky valait, avec ce qu'elle contenait, quatre millions de roubles ; son établissement botanique surpassait tout ce qu'on connaît dans ce genre en Europe ; dans son salon principal, les accoudoirs des fenêtres étaient en lapis-lazuli ; le catalogue seul de ses éditions xve siècle formait un volume assez considérable. La bibliothèque du comte Boutourlin valait un million ; il y a moins de deux ans qu'il m'en envoya le catalogue ; c'est un gros in-octavo imprimé à Paris. La bibliothèque du prince Galitzin, celle de M. Metlief ne valaient pas moins et ont disparu de même. Le portefeuille d'estampes d'un jeune homme de ma connaissance valait 80,000 roubles : il a disparu encore. Ces exemples se sont répétés par milliers ; on imagine aisément ce que devait être une ville immense, séjour de la plus riche noblesse de l'univers, accumulée là depuis des siècles.

« La ville a brûlé constamment du 3 au 7, et de 10,000 maisons (parmi lesquelles 800 hôtels) il ne reste qu'un peu plus de 2000. Napoléon a fait exécuter à mort, je ne sais de quelle manière, une grande quantité de Russes dont il a fait suspendre les cadavres, portant l'inscription : *incendiaires* ; il a fait exécuter aussi un grand nombre de ses soldats ; mais le tout a été vain. Je doute que depuis l'incendie de Rome, sous Néron, l'œil humain ait rien vu de pareil. Ceux qui en ont été témoins ne trouvent aucune expression pour le décrire. Il me suffira de dire qu'à la distance de quatre-vingt-quatre verstes on apercevait distinctement cette espèce de splendeur livide que les nuées réfléchissent dans les grands incendies. Un naturaliste allemand, attaché au comte Alexis Razoumowsky, lui écrit qu'à une distance de quinze verstes, il lisait aisément au cœur de la nuit, à la triste lueur de cet embrasement. Je répète que la perte en richesses de toute espèce se refuse à tout calcul ; mais la Russie et peut-être le monde ont été sauvés par ce grand sacrifice. »

On le voit, les descriptions de J. de Maistre

sont plutôt documentaires ; les idées étaient son atmosphère naturelle ; ses lettres même sont un perpétuel échange d'idées, et c'est ce qui fait l'intérêt supérieur de la plus grande partie de sa correspondance, notamment, par exemple, avec M. de Bonald, l'auteur de la *Théorie du pouvoir religieux* (1796) et de la *Législation primitive* (1802). Dans ce dernier ouvrage, Bonald avait loué les *Considérations sur la France.*

De Maistre remercia avec sa sincérité et son esprit habituels, et ce fut le commencement d'une correspondance qui pendant huit ans leur donna l'occasion de se reconnaître en parfaite communion d'idées sur toutes les matières philosophiques et sociales. Ils avaient la même foi, le même idéal, presque les mêmes doctrines. « Je ne sais comment faire, lui écrivait de Maistre, pour vous exprimer le plaisir que m'a fait une coïncidence d'idées telle que peut-être il n'en a jamais existé. J'ai peur qu'il n'y ait de l'impertinence dans cette observation. Mais, bon Dieu ! je ne sais qu'y faire. La chose est ainsi ; et si j'avais l'inexprimable plaisir de vous voir au milieu de tous mes papiers, je vous amuserais vous-même, monsieur le Vicomte, en vous montrant dans mes griffonnages ce que les théologiens appellent *loca parallela.* Dites-moi, je vous prie, si vous n'avez point senti que je vous sautais au cou après avoir lu ce que vous dites de ce détestable Condillac, l'idole fatale de la France et l'instituteur de votre jeunesse. »

Ce fut M. de Bonald qui se chargea de publier en 1814 une réédition des *Considérations sur la France*, le premier livre de Joseph de Maistre qui, lancé par Mallet du Pan, eut tant de succès en 1796 et qui commença la réputation du grand écrivain savoyard. Louis XVIII avait vivement félicité l'auteur en l'engageant à faire circuler ce livre en France par tous les moyens possibles. Napoléon l'avait lu à Milan. Il avait eu trois éditions dans la même année. En 1814, à la rentrée des Bourbons, l'ouvrage était introuvable. Bonald, après avoir écrit à de Maistre que « toutes les éditions étaient épuisées et qu'on les demandait inutilement », se chargea d'une nouvelle publication. « Votre ouvrage, écrivait-il à l'auteur, alors à Saint-Pétersbourg, a produit sur moi une sensation si vive, que je ne puis m'empêcher de vous communiquer les idées qu'elle a fait naître...

« Ce livre n'est point, comme on me l'a défini avant que je l'aie lu, *un bon ouvrage de circonstance*, mais ce sont les circonstances qui ont dicté le seul bon ouvrage que j'aie trouvé sur la révolution française.

« Le *Moniteur* est le développement le plus volumineux de votre livre. C'est là où sont consignés les efforts des hommes en actions et en paroles, et la nullité de ces efforts. S'il y avait un titre philosophique à donner au *Moniteur*, je le nommerais volontiers *Recueil de la sagesse humaine et preuve de son insuffisance.* Votre livre, le *Moniteur*, l'histoire sont le développement de ce proverbe devenu commun, mais qui renferme en lui la loi la plus féconde en applications et en conséquences : « L'homme propose, et Dieu dispose... »

« Votre ouvrage est un ouvrage classique qu'on ne saurait trop étudier ; il est classique pour la foule d'idées profondes et grandes qu'il contient. »

M. de Bonald était aussi désireux d'avoir, sur ses propres ouvrages, l'avis et les conseils de M. de Maistre :

« J'eus l'honneur, lui écrit-il, en 1819, de faire passer l'année dernière, à votre adresse, à Turin, par la voie de votre ambassade à Paris, un exemplaire de mes *Réflexions philosophiques sur les premiers objets des connaissances morales*, qui venaient de paraître. J'y joignis une lettre, et je n'ai pu savoir encore si cet envoi vous avait été fait, ou plutôt si vous l'aviez reçu. Je vous devais l'hommage de cet écrit, qui a eu quelques succès, et je saisis avec joie l'occasion qu'il m'offrit de vous renouveler l'expression de mes sentiments. Je partis peu après de Paris pour mes rochers, d'où je ne suis revenu que depuis quelques jours, pour la triste et pénible mission dont je me suis chargé pour la quatrième fois.

MOSCOU. — MURS DE LA VIEILLE VILLE.

p. 170-171

J'espère que cette lettre sera plus heureuse. J'y joins un exemplaire de ma réponse à l'ouvrage de Madame de Staël, réponse abrégée, dans laquelle j'ai repoussé ses doctrines beaucoup plus que je n'ai répondu à l'auteur. Il aurait fallu pour cela un écrit aussi volumineux que le sien, et je n'en avais ni le temps ni la force. Tel qu'est celui-ci, on en a été content ici ; on y a trouvé de la raison et de la politesse. Il ne fallait pas oublier que je répondais à une femme, à une grande dame... »

M. de Bonald se dépitait de ne pouvoir rencontrer Joseph de Maistre, qu'il eût été si heureux de connaître et avec lequel il eût causé si volontiers.

« Suis-je assez malheureux ! écrivait Bonald en 1817, quand je suis en Allemagne, vous êtes je ne sais où ; je viens en France, vous êtes en Russie ; je retourne dans mes montagnes, vous arrivez à Paris ; je reviens à Paris, vous voilà à Turin, et nous semblons nous chercher et nous fuir tour à tour. J'avais eu l'honneur de vous écrire de ma campagne quand je vous sus à Paris, et, ne sachant pas bien votre adresse, je mis ma lettre sous le couvert de Madame de Swetchine. Je ne sais si elle vous est parvenue, mais je n'ai plus trouvé ici cette excellente et spirituelle femme, qui n'a de russe que son nom, et qui d'ailleurs est toute française pour nous, et des bonnes et anciennes Françaises, d'opinions, de sentiments, de goûts, de grâces, de bonté et de politesse... Ne la reverrons-nous plus ici, et ne vous y verrai-je jamais vous-même? »

Le comte de Maistre ne se déplaçait pas facilement. Son dévouement le retenait en Russie, où il rendait des services non seulement à son roi ingrat, mais à tous ceux qui se rapprochaient de lui par la sympathie, les relations ou les doctrines.

En arrivant à Pétersbourg, il avait trouvé les Jésuites dans une situation assez avantageuse pour leur permettre de solliciter bientôt la liberté d'enseignement sans contrôle. De Maistre employa toute son activité et toute son influence à faire aboutir leur demande. Il écrivit à ce sujet les cinq *Lettres sur l'éducation publique en Russie* (1810), et il adressa au ministre, le comte Razoumowski, un *Mémoire sur la liberté de l'enseignement public* (1811). Ses efforts furent couronnés de succès, et en 1812 le collège de Polotsk fut érigé en Université.

Mais le triomphe des Jésuites ne tarda pas à leur attirer l'inimitié du clergé russe, et à réveiller les inquiétudes d'un gouvernement que les préjugés de l'opinion regardaient comme trop libéral.

Vers la fin décembre 1815, les Jésuites furent chassés de Saint Pétersbourg par un ukase impérial. La cause de leur disgrâce, de Maistre y revient plusieurs fois dans ses lettres, fut le nombre des conversions qu'ils opéraient dans le monde aristocratique.

« Il paraît incontestable que plusieurs personnes du premier rang avaient passé à l'Église catholique ; mais les Jésuites avaient opéré ces conversions comme ils ont fait lever le soleil ce matin. Il y a quarante ans qu'ils sont ici ; par quelle merveille n'auraient-ils pas converti un seul Russe jusqu'en l'année 1815? Ces conversions ne sont qu'une loi du monde qui s'exécute d'elle-même et qui est placée bien plus haut que l'homme. Dès que la science paraît dans un pays non catholique, tout de suite la société se divise ; la masse roule au déisme, tandis qu'une certaine tribu s'approche de nous. Dans tous les pays protestants, il ne reste plus un seul protestant éclairé ; tous sont *sociniens*, excepté cette foule plus ou moins nombreuse d'hommes qui donnent dans ce moment un si grand spectacle au monde. »

J. de Maistre fait remarquer, cependant, en faveur de l'Empereur de Russie, qu'au lieu d'expulser les Jésuites, il se borna à leur interdire les deux capitales de ses Etats, Moscou et Pétersbourg.

« Il peut bien se faire que l'Empereur, par cet ukase, parti du Palais comme la foudre part de la nue, ait voulu calmer une foule de têtes échauffées en leur donnant cette satisfaction sans aucun préjudice sensible pour l'humanité, car ces Messieurs n'ont point été maltraités dans leurs personnes. Ils ont été pourvus de pelisses et de bottes chaudes d'une bonne qualité, et embarqués dans des *Kibitkes*, voitures couvertes, quoique non fermées, et où l'on peut s'arranger passablement. »

Et plus loin, de Maistre conclut :

« Les personnes même les plus attristées par la sévérité de l'ordre ne peuvent, si elles sont équitables, refuser d'y reconnaître un côté brillant de justice et de modération.

« Je faisais observer l'autre jour, dans une maison Russe, qu'à nulle époque de l'histoire de russie, la chose n'aurait passé aussi doucement. *Pierre Ier*, disais-je, *aurait fait décapiter les Jésuites ; de nos jours encore, l'Empereur Paul Ier les aurait envoyés en Sibérie, etc. ; même lorsqu'on est fâché, il faut être juste.* »

Il est certain que les Jésuites avaient fait de nombreuses conversions dans la haute société de Pétersbourg, et il était naturel que le gouvernement en fût ému. De Maistre croit que l'Empereur n'aurait jamais eu le courage de frapper l'Ordre, s'il n'y avait été poussé par un parti très puissant, qui détestait le catholicisme autant que les Jésuites.

L'auteur des *Soirées* qui ne cachait pas ses amitiés et ses relations avec les Pères et qui leur offrit un asile quand sévit l'*ukase*, fut enveloppé dans la même suspicion injuste. « Le prince

MOSCOU. — PLACE DES BOUTIQUES.

p. 175-176

Galitzine, dit-il, *Ministre des cultes* et prodigieusement irrité contre nous, s'était mis, je ne sais pourquoi, à me regarder comme l'arc-boutant du *fanatisme.* Je ne me suis jamais gêné d'ailleurs pour faire entendre que je ne voyais aucun milieu logique entre le catholicisme et le déisme. Enfin, Monseigneur, l'Empereur a cru devoir charger un de ses Ministres de me parler des soupçons qui étaient arrivés jusqu'à lui. J'ai prié ce Ministre d'assurer S. M. I. *que jamais je n'avais changé la foi d'aucun de ses sujets ; mais que, si quelques-uns d'eux m'avaient fait par hasard quelques confidences, ni l'honneur ni la conscience ne m'auraient permis de leur dire qu'ils avaient eu tort.* Les circonstances m'ont conduit bientôt après à répéter cette déclaration de vive voix à S. M. I. même. La chose s'est fort bien passée. »

CHAPITRE IX

Joseph de Maistre et le Féminisme. — Son opinion sur Mme de Sévigné. — Rappel de Joseph de Maistre en Sardaigne. — Son voyage à Paris. — Dernières années. — Joseph de Maistre en 1820. — *Sévérités de Lamartine.*

Au milieu de ses luttes et de ses déboires à la Cour, Joseph de Maistre ne trouvait un peu de consolation et de bonheur que dans sa correspondance assidue avec sa famille. Ses lettres à sa fille Constance sont particulièrement intéressantes. On le voit jour par jour, avec une sollicitude touchante, suivre de loin les progrès et l'éducation de l'intelligente jeune fille. Il lui prodigue de précieux conseils sur ses études. Il raille la prétention qu'on avait d'apprendre les langues vivantes d'après de nouvelles méthodes, alors qu'il en avait appris cinq lui-même uniquement par le travail et l'assiduité.

Mlle de Maistre était avide de savoir et de lectures. Son père la mettait en garde contre les exagérations d'un certain féminisme qu'il trouvait ridicule et que nous avons, hélas ! bien dépassé aujourd'hui.

12

« Voltaire a dit, à ce que tu me dis (car, pour moi, je n'en sais rien : jamais je ne l'ai tout lu, et il y a trente ans que je n'en ai pas lu une ligne), que *les femmes sont capables de faire tout ce que font les hommes, etc.* ; c'est un compliment fait à quelque jolie femme, ou bien c'est une des cent mille et mille sottises qu'il a dites dans sa vie. La vérité est précisément le contraire. *Les femmes n'ont fait aucun chef-d'œuvre dans aucun genre.* Elles n'ont fait ni l'Iliade, ni l'Énéide, ni la Jérusalem délivrée, ni Phèdre, ni Athalie, ni Rodogune, ni le Misanthrope, ni Tartufe, ni le Joueur, ni le Panthéon, ni l'église de Saint-Pierre, ni la Vénus de Médicis, ni l'Apollon du Belvédère, ni le Persée, ni le Livre des Principes, ni le Discours sur l'Histoire universelle, ni Télémaque. Elles n'ont inventé ni l'algèbre, ni les télescopes, ni les lunettes achromatiques, ni la pompe à feu, ni le métier à bas, etc. ; mais elles font quelque chose de plus grand que tout cela : c'est sur leurs genoux que se forme ce qu'il y a de plus excellent dans le monde : *un honnête homme, et une honnête femme.* Si une demoiselle s'est laissé bien élever, si elle est docile, modeste et pieuse, elle élève des enfants qui lui ressemblent, et c'est le plus grand chef-d'œuvre du monde. Si elle ne se marie pas, son mérite intrinsèque, qui est toujours le même, ne laisse pas aussi que d'être utile autour d'elle, d'une manière ou d'une autre. Quant à la science, c'est une chose très dangereuse pour les femmes. On ne connaît presque pas de femmes savantes qui n'aient été ou malheureuses ou ridicules par la science. Elle les expose habituellement au *petit* danger de déplaire aux hommes et aux femmes (pas davantage !) : aux hommes, qui ne veulent pas être égalés par les femmes, et aux femmes qui ne veulent pas être surpassées.

« Tu penses bien, ma chère Adèle, que je ne suis pas ami de l'ignorance ; mais dans toutes les choses il y a un milieu qu'il faut savoir saisir : le goût et l'instruction, voilà le domaine des femmes. Elles ne doivent point chercher à s'élever jusqu'à la science, ni laisser croire qu'elles en ont la prétention (ce qui revient au même quant à l'effet) ; et à l'égard même de l'instruction qui leur appartient, il y a beaucoup de mesure à garder : une dame, et plus encore une demoiselle, peuvent bien la laisser apercevoir, mais jamais la montrer. »

M. de Maistre (est-il besoin de le dire?) était en littérature un classique convaincu. Bossuet lui semble un « oracle». Il aime Lesueur, Le Brun, Poussin et cette lettre à sa fille indique bien quels sont les chefs-d'œuvres qu'il admire : *L'Iliade*, l'*Enéide*, la *Jérusalem délivrée*, *Phèdre*, *Athalie*, *Rodogune*, le *Misanthrope*, *Tartuffe*, le *Joueur*, *Saint-Pierre*, le *Parthénon*, la *Vénus de Milo*, l'*Apollon du Belvédère*, le *Persée*, *Télémaque*, etc.

L'auteur des *Soirées* possédait à fond les écrivains classiques et, au besoin, savait les défendre. Il nous en a laissé un joli exemple, qui est en même temps une leçon de style.

En 1806, un auteur très imbu des idées du XVIIIe siècle, Grouvelle, publia une édition des Lettres de Mme de Sévigné, avec commentaires tendancieux. Il est dommage que cet auteur n'ait pu lire l'ironique et mordante critique qui figure dans les œuvres posthumes de Joseph de Maistre. Voici ce morceau savoureux :

« Comme il est impossible de séparer le style des pensées, nous n'avons pu célébrer la logique de M. Grouvelle sans indiquer au moins les fautes de style ; mais ce dernier article est assez important pour exiger un article à part. Ce qui distingue l'éditeur de tous ses confrères les mauvais écrivains, c'est qu'il est toujours, et sans exception, *ridiculement mauvais.* Ses solécismes tiennent de l'inspiration : on dirait qu'il a toujours à côté de lui un méchant lutin qui souffle les expressions les plus baroques ; c'est tout ce que la barbarie et la prétention réunies ont jamais produit de plus ineffable.

« Le pronom est, comme on sait, le grand écueil des écoliers, dans la langue française ; mais sur ce point, M. Grouvelle n'a point d'égal.

« Dès la troisième page de son Avertissement, M. Grouvelle vous dit, à propos des lettres inédites de Mme de Sévigné :

MONUMENT DE PIERRE Ier ET SÉNAT.

p. 181-182

« Quelques démarches qu'on eût faites, rien n'a pu faire ouvrir les portefeuilles où ces trésors *paraissent* être ensevelis. Nous ne sommes pas même en état de donner au public, avec la certitude de SON existence, l'espoir d'en jouir un jour. »

« Il faudrait compulser tous les cahiers d'une école de village pour trouver quelque chose de pareil.

« Ailleurs il nous dit :

« Qu'un assez grand nombre des lettres de Mme de Sévigné paraîtront nouvelles, en ce qu'elles n'ont jamais été jointes à aucun de ces recueils. » (Avert., p. III.)

« Ainsi, les recueils qu'on a faits des lettres de Mme de Sévigné s'appellent dans le langage de l'éditeur, les *Recueils de Mme de Sévigné ;* c'est toute une expression nouvelle qu'il répète plus bas, à la fin d'un passage charmant :

« Attentif à réunir ici tout ce qui touche Mme de Sévigné, l'éditeur a pensé que, SES enfants tenant d'elle leurs talents, ce qui nous reste de leur plume était un supplément presque nécessaire à SA collection. »

« En premier lieu, nous n'avons jamais ouï dire que Mme de Grignan ni son frère *aient laissé une plume*, et qu'il en *reste* des morceaux. Au demeurant, si les enfants de Mme de Sévigné ont laissé tomber de leurs plumes quelques morceaux qui rappellent le talent de leur illustre mère, c'est fort bien fait de les imprimer dans SA COL-

LECTION, mais ce n'est point du tout par la très mauvaise raison qu'en donne l'éditeur ; autrement *le Sopha* et *l'Écumoire* deviendraient des *suppléments presque nécessaires* AUX tragédies de Crébillon.

« Le pronom figure d'une manière non moins élégante dans le morceau suivant :

« Mme de Sévigné écrivit dans la jeunesse de la langue, à l'époque où ELLE se fixait sous la plume des maîtres. Comme ELLE vivait également parmi les gens de lettres et parmi les gens de cour, il faut croire, etc. » (Avert., p. XIII.)

« Il ne tient qu'à nous d'entendre que Mme de Sévigné *se fixait sous la plume des maîtres*, et que *la langue française vivait également parmi les gens de lettres et parmi les gens de cour.* S'il en est ainsi, la langue française a été bien mieux élevée que M. Grouvelle.

« Les rabbins disent que chaque mot de l'Ecriture contient une infinité de sens. M. Grouvelle s'approche de cette perfection, au moyen de l'usage merveilleux qu'il sait faire du pronom. En nous parlant, par exemple, des fameuses fêtes de Versailles, il nous dit que

« Mme de Sévigné était faite pour orner ce grand théâtre de ses propres charmes. » (P. XLI.)

« Cela veut dire que Mme de Sévigné apporta dans ces fêtes *ses propres charmes*, et point du tout ceux des autres femmes, — ou bien qu'avec ses propres charmes elle orna ce grand théâtre, — bien qu'elle orna ce grand théâtre de *ses* propres charmes, c'est-à-dire des charmes qui convenaient à ce théâtre (apparemment parce qu'elle était associée de Lulli et de Quinault, etc.) On n'en finirait pas si l'on voulait dire tout ce que cela veut dire.

. . . .

« Nous apprenons ailleurs une chose dont on se serait jamais douté : c'est que

« Le maréchal d'Humières voulut, un jour, prendre d'insulte un petit château. »

« M. Grouvelle ne s'explique pas davantage ; mais, sans nous donner la peine de feuilleter l'histoire du temps, nous supposons que le maréchal donna un soufflet au petit château.

« Quelquefois M. Grouvelle enfile des *régimes*, et il oublie le verbe : ainsi, par exemple, il nous dit que

« Mme de Sévigné AVAIT... de la physionomie... des traits expressifs... une taille aisée... une riche chevelure... une santé brillante... une rare fraîcheur... un teint éclatant... autant de musique qu'on en avait alors, enfin une danse brillante pour le temps. » (Notice, t. I, p. XLV.)

« De sorte qu'il se trouve, en fin de compte, que, *Mme de Sévigné* AVAIT *de la musique et de la danse.* Que cette dame était riche !

« Mais, si nous en croyons M. Grouvelle, Mme de Sévigné AVAIT bien quelque chose de plus merveilleux ! *Elle avait une stature plus grande que petite.* (Ibid.) Une seule faute de cette nature suffit pour caractériser un écrivain. Elle suppose l'absence totale de ce sentiment intérieur, de ce tact métaphysique sans lequel on ne sait jamais ce qu'on dit. . . . .

« Cette particule comparative PLUS pouvant servir à comparer entre elles des qualités différentes, l'éditeur a cru qu'elle pouvait servir aussi à comparer les différents degrés d'une même qualité dans le même sujet ; et que, comme on dit, par exemple, *Il est plus savant que riche*, on pouvait dire de même, *Il est plus savant qu'ignorant* ; ce qui s'appelle, dans la langue que M. Grouvelle ignore si parfaitement, *une bêtise.*

« S'il eût dit :

« Elle avait une stature plutôt grande que petite »,

il n'eût été que plat ; et, pour lui, ce serait un gain considérable. »

Voici maintenant le jugement personnel de Joseph de Maistre sur les Lettres de Mme de Sévigné :

« Peu de livres seraient plus dignes que les Lettres de Mme de Sévigné d'un commentaire suivi, et peu de commentaires seraient plus utiles à la jeunesse et plus sûrs de plaire à tous les ordres de lecteurs. Les Lettres de Mme Sévigné sont le véritable *Siècle de Louis XIV*. Le livre qui porte ce nom nous présente, comme beaucoup d'autres, les *événements de ce siècle.* Mme de Sévigné nous peint mieux que personne le *siècle même.* Ce que d'autres nous racontent, elle nous le fait voir : nous assistons à tous les grands faits de cette époque mémorable ; nous vivons à la cour de Louis XIV et dans la société choisie de ce temps. Il est impossible de lire une de ses lettres sans trouver un nom sacré ; rien n'égale le charme de cette lecture. Tous ces grands hommes sont en mouvement ; on les admire dans les autres livres, dans ces lettres on les fréquente.

« Nous sommes loin de blâmer la modestie des anciens éditeurs, qui ne se sont permis que des notes de pure nomenclature ; mais enfin, si l'on veut parler et raisonner, il n'y a pas de champ plus beau. Et que dire d'un homme à qui les plus grands noms de la terre et les événements les plus mémorables et les plus intéressants n'ont pu inspirer une seule ligne qui ne soit pas un crime ou une absurdité? Non seulement il ne sait pas admirer, mais il calomnie, il outrage ; il falsifie les objets, il dénature les plus belles choses. Y a-t-il, par exemple, un événement particulier plus intéressant que la profession de la duchesse de la Vallière? Est-il possible d'imaginer un plus grand sacrifice fait à la religion, aux mœurs, à l'opinion publique? etc.

« Quel spectacle que cette église des Carmélites, remplie de tout ce que la capitale avait de plus illustre ! *ces lumières de la France*, non plus, commė dit Bossuet, *obscurcies et couvertes de leur douleur comme d'un nuage*, mais brillantes de toute leur clarté ! ces princes guerriers, ces pontifes, l'humble victime aux pieds de la reine de France, recevant le voile des mains de son auguste rivale ! Louis XIV dans toute sa gloire, d'autant plus présent qu'il n'y était pas et Bossuet en chaire, parlant de notre malheureuse nature UT NUNQUAM HUMANA VOX

« Rien n'empêchait l'éditeur de faire, à propos de cette femme célèbre et de cet événement remarquable, ce qu'il aurait dû faire toute sa vie ; mais, puisqu'il voulait absolument parler, voyons ce qu'il a dit :

« Il y avait plus de trois ans que la duchesse de la Vallière ne recevait à la cour que des affronts de sa rivale et des duretés du roi. Elle n'y était restée, disait-elle, que par esprit de pénitence ; elle ajoutait : « Quand la vie des Carmélites me paraîtra trop dure, je me souviendrai de ce que ces gens-là m'ont fait souffrir (montrant le roi et Mme de Montespan). » (T. III, p. 18, note).

« Voulez-vous connaître un grand caractère? racontez-lui une grande action. A l'instant il s'enflamme, et la porte aux nues. L'effet contraire dévoilera le vilain. Citez-lui ce qu'on a vu de plus sublime dans l'univers, depuis le sacrifice d'Abraham jusqu'au combat des Thermopyles, et depuis le dévouement de Décius jusqu'à l'*immolation* de Louis XVI ; son premier mouvement sera de rabaisser. Rien de plus naturel : l'un exalte ce qui lui appartient, l'autre déprime ce qui lui est étranger. »

Le travail et la lecture consolaient Joseph de Maistre à Saint-Pétersbourg et adoucissaient un peu l'amertume qu'il éprouvait à vivre loin de sa famille. Enfin, au bout de quatorze ans, il eut la joie de pouvoir appeler auprès de lui sa femme et ses enfants. Le 14 décembre 1814, il annonça l'heureuse nouvelle à un de ses amis : « Depuis le 11 octobre, je suis réuni à ma femme et à mes enfants... A présent nous avons le bonheur d'être malheureux ensemble... Si vous veniez contempler mon ménage, il serait bientôt pour vous une nouvelle preuve que *la fortune vend ce qu'on croit qu'elle donne.* Tant de bonheur ne pouvait m'être donné *gratis.* Cette résurrection générale, qui a relevé tant de monde, m'enfonce plus profondément dans l'abîme. Ma malheureuse patrie est dépecée et perdue. Je demeure au milieu du monde sans biens, et même dans un certain sens, sans souverain. Étranger à la France, étranger à la Savoie, étranger au Piémont, j'ignore mon sort futur. »

Joseph de Maistre obtint enfin, en 1817, son rappel en Sardaigne, qu'il demandait depuis tant d'années. Nommé par son roi premier président de ses cours suprêmes, il eut la permission de s'embarquer sur un des bâtiments de guerre russes qui ramenaient des soldats en France.

Il écrivait en avril, à M. de Blacas : « Auriez-vous pu le croire? Dans deux mois environ je serai à Paris. Nous prendrons terre au Havre ou à Cherbourg, et vous pensez bien, mon très cher et excellent comte, que je ne reverrai point le beau pays *ch'Appennin parte e'l mar circonda et l'Alpi*, sans avoir vu la grande Lutèce. J'avais tout à fait renoncé à faire connaissance avec cette sage, folle, élégante, grossière, sublime, abominable cité ; et voilà qu'un événement unique m'y conduit de la manière la plus naturelle. Vous avez le temps, M. le comte, de me recommander dans la grande capitale... Nous ne mettrons guère à la voile que dans les premiers jours de juin. »

Parti le 27 mai 1817, à bord du vaisseau le *Hambourg*, de Maistre arriva à Calais, le 20 juin et le 24 à Paris. Les *Considérations sur la France* et l' *Essai sur le principe générateur des Constitutions* lui avaient valu la renommée d'un penseur profond et clairvoyant. Joseph de Maistre devait trouver à Paris des admirateurs et des hommages dont il se montra très touché. Il fut reçu d'abord par le roi Louis XVIII, qui lui avait déjà exprimé ses sentiments d'estime dans une lettre particulière, et ayant assisté à une séance de l'Institut, quelques Académiciens qui l'aperçurent dans la foule, lui firent offrir un fauteuil dans leur enceinte. Les salons du faubourg Saint-Germain accueillirent avec empressement le grand légitimiste, si sincèrement dévoué à la maison de Bourbon comme à la maison de Savoie.

Mme Swetchine le mit en rapport avec certaines personnalités politiques ou littéraires, Chateaubriand, Lamennais, Bonald, etc... Dans une lettre adressée à l'auteur de la *Législation primitive*, avec qui il était en si parfaite conformité de doctrine, de Maistre notait lui-même spirituellement ce qu'il pensait de Paris et de la langue française :

« Il m'est arrivé ce qui arrive à tous les étrangers : le tourbillon m'a saisi, et ne m'a abandonné que lorsque, tout étourdi et tout haletant, je suis monté dans ma voiture pour me rendre à Turin. La Cour, la ville, les Tuileries, les Variétés, le Musée, les Montagnes, les ministres, les marchands, les choses et les hommes se sont si fort disputé ma pauvre personne, qu'il me semble aujourd'hui n'avoir rien fait et n'avoir rien vu, et que je ne suis pas même bien sûr d'avoir été à Paris. Je crois néanmoins, en y pensant mûrement, que réellement j'y ai été, et que j'ai pu même y faire quelques observations. J'ai bien senti, par exemple, *ce je ne sais quoi* qui fait de Paris la capitale de l'Europe.

Il est certain qu'il y a dans cette ville quelque chose qui n'est pas dans les autres ; il n'en est pas, je crois, où l'étranger soit plus à son aise, *plus chez lui*, si je puis m'exprimer ainsi ; sans doute je n'ai pu y séjourner assez pour... Mais je ne veux pas faire un *Essai sur Paris*....

« Je vous ai trouvé excessivement Français dans quelques-unes de vos pensées. On vous en blâmera ; mais pour moi, je vous pardonne. *Je le suis bien moi qui ne le suis pas.* Pourquoi n'auriez-vous pas le même droit? Buffon dont nous parlions tout à l'heure, et qui était au moins un très grand écrivain, a dit, dans son discours à l'Académie, que *le style est tout l'homme.* On pourrait dire aussi qu'*une nation n'est qu'une langue.* Voilà pourquoi la nature a naturalisé ma famille chez vous, en faisant entrer la langue française jusque dans la moelle de nos os. Savez-vous bien, Monsieur le Vicomte, qu'en fait de préjugé sur ce point, je ne le céderais pas à vous-même. — Riez, si vous voulez : mais il ne me vient pas seulement en tête qu'on puisse être éloquent dans une autre langue autant qu'en français. Si vous me chicanez à cet égard, je vous ferai mon à tour mauvais parti sur vos pensées françaises. »

Les conditions mêmes de son rappel en Sardaigne n'étaient pas faites pour encourager Joseph de Maistre et pour lui donner ces dispositions de bonne volonté, cette alacrité d'esprit si nécessaires à un homme qui méditait de grands ouvrages et à qui manquaient toujours le repos et le loisir. Sa nouvelle charge lui imposait de nouveaux devoirs et le replongeait dans les affaires diplomatiques. Il sentait très bien que son roi s'acquittait envers lui, mais que là s'arrêteraient les faveurs de la fortune. On récompensait ses services, on ne les appréciait pas. Joseph de Maistre se retrouva « sans passion, sans désir, sans inspiration, sans espérance », et il accepta sa nouvelle vie comme il avait accepté l'exil, avec la même résignation? et le même dévouement découragé. Nous ignorons au juste quel fut son nouveau traitement, mais nous voyons par sa correspondance que cette somme suffisait à peine à l'entretien de sa famille et aux exigences de son rang. Son ami, M. de Blacas, qui connaissait les difficultés d'argent au milieu desquelles il se débattait, lui offrit avec une rare générosité une somme que Joseph de Maistre, après bien des refus et sur son insistance, finit par accepter. C'est vers cette époque qu'il perdit son frère, l'évêque d'Aoste (1818). « Je ne dois plus me faire illusion, écrivait-il un an après. Il n'y a plus d'espérance pour moi ; la Fortune est femme, elle n'aime que les jeunes gens... Seul et sans appui, je ne peux vaincre l'opposition sourde qui redoute mes opinions, et qui est bien plus forte que le roi. Sa main vient enfin de signer notre spoliation définitive en Savoie et à Nice ; le parti qui désirait cette signature avec une ardeur toute puissante l'a obtenue enfin sous le voile d'une indemnisation partielle, et que je crois tout à fait illusoire : le père commun a cru bien faire, c'en est assez pour justifier ses intentions. Après lui avoir sacrifié nos biens et nos personnes, notre devoir est de lui sacrifier encore les révoltes du cœur, et de le servir avec un redoublement de zèle digne de nous, car le roi trompé n'est pas moins notre roi. L'année 1819 m'a nourri d'absinthe ; tout s'éteint autour de moi. Que m'importe un peu de bruit que je fais ! On écrira sur ma triste pierre : *Periit cum sonitu*; voilà tout. On jalouse mes titres, mon rang et ceux de mon fils, sans savoir ce qu'ils coûtent à mon cœur. Je les céderais tous pour un bon ménage allobroge, tel que je l'imagine.... »

Lamartine représente Joseph de Maistre, à la fin de ses jours accablé de déceptions, dévoré d'amertume impuissante et ambitieuse. « Ne pouvant être ministre, dit-il, il était devenu *oracle*... Il prophétisait encore, après la restauration de l'Europe accomplie, des erreurs et des expiations. *Le temps ne pouvait manquer de les justifier*... Le comte de Maistre mourut en *prophétisant encore*... Il s'éteignait dans la prière et dans l'espérance...

« Vous le voyez, ajoute Lamartine, toutes vos conjectures sur le renouvellement des religions et du monde ont été trompées. Le monde, plus vieux d'un demi-siècle, est exactement dans le même état où vous l'avez trouvé. Prophétisez donc, ô hommes présomptueux, qui osez prendre votre sagesse pour celle de Dieu ! »

« Vaine déclamation ! répond très justement M. Louis Moreau. Si M. de Maistre, vers la fin des *Soirées*, a salué l'espérance d'un nouvel épanouissement de la foi chrétienne et d'une réconciliation possible entre la science humaine mieux inspirée et les lumières divines, il n a jamais rien conjecturé sur le *renouvellement des religions*, puisqu'il n'en admettait qu'une, éternelle et immuable ; et il ne s'est jamais fait illusion sur l'avenir du monde, tout en annonçant clairement sous quelles conditions l'horizon des affaires humaines pouvait encore se dégager.

« Les paroles du comte de Maistre se sont perdues dans le vide. La science, comme la politique, s'est obstinée dans son éloignement de la vérité et ce crime est payé d'un redoublement de ténèbres. Car il est faux que le monde soit exactement dans le même état où le comte de Maistre l'a laissé. Il a marché selon les doctrines progressistes ; il a marché dans le sens de la négation, sous l'impulsion de la haine, et chaque jour il fait un pas marqué vers la mort. Tout cela est loin de démentir les prédictions du grand penseur catholique, et les écrivains trop légers qui osent l'appeler présomptueux, devraient bien se souvenir que, tout en montrant aux gouvernements la voie du salut et celle des abîmes, lui-même avait si peu l'espoir d'être entendu, qu'il disait en mourant : « Je meurs avec l'Europe ! »

L'année même où parut la seconde édition du livre *Du Pape* (1821) Joseph de Maistre était déjà gravement malade. Il annonçait lui-même à l'abbé Vuarin, la publication de ce nouveau tirage et celle d'un nouveau livre : *L'Église gallicane*, qui devait faire plus de bruit encore.

CHAPITRE X

Maladie de J. de Maistre. — Les derniers moments. — Lettres de Constance. — L'agonie. — La mort. — Le vrai Joseph de Maistre. — Conclusion.

Tant de luttes et de soucis, un effort si constant de production, de lectures et de travail finirent par user l'énergie de ce robuste lutteur et par compromettre une santé qui avait bravé la rigueur des climats et des voyages. En 1819, Joseph de Maistre avait encore un an à vivre. Il sentit venir la fin et, en chrétien convaincu, il se prépara à la mort avec une courageuse sérénité. La paralysie le gagnait. Vers le mois de janvier 1821, il ne quitta plus le lit. De temps à autre, des lueurs d'espoir illuminaient comme une aurore le crépuscule où il s'éteignait. « Aujourd'hui, écrivait-il, le 22 janvier, je commence à être beaucoup mieux... Cette année verra paraître une seconde édition bien perfectionnée *Du Pape'* et l'ouvrage sur l'Eglise gallicane... D'autres années, si Dieu me les accorde, produiront d'autres choses ; mais, comme vous savez, à chaque jour suffit sa malice... C'est un tourment pour moi de ne pouvoir dévorer les ouvrages de M. de Haller. »

Joseph de Maistre garda jusqu'au bout la lucidité de sa belle intelligence. L'abbé Rey, qui en a rendu témoignage, considérait comme une faveur providentielle cette persistance de la pensée dans une maladie qui étouffe si vite les facultés mentales.

M. Latreille a publié, dans la *Quinzaine* du 16 juillet 1905, deux lettres de Constance de Maistre sur la mort de son père, dont les derniers moments étaient jusqu'alors peu connus.

Sa fille Constance avait un véritable culte pour son père. Elle travaillait avec lui, lui servait de secrétaire, l'aidait dans ses travaux et ses recherches, et il n'était vraiment satisfait que lorsqu'il avait, comme il disait, sa chère Constance sous la main. C'est elle qui l'a le mieux compris, et le plus profondément aimé. Elle le considérait (c'est son mot) comme une *divinité terrestre.*

Le 28 janvier 1821, il fut presque impossible à de Maistre de se lever et, à partir de ce moment, le mal fit des progrès rapides. Depuis plusieurs jours, on ne lui avait pas laissé ignorer la gravité de son état, et le P. Bossi lui proposa même de remplir ses devoirs religieux. De Maistre y avait déjà songé, mais il avoua qu'il crai-

LAMARTINE.

p. 167-168

gnait « qu'on ne regardât cela comme un acte d'ostentation, et qu'il craignait aussi d'effrayer sa famille. »

Le lendemain, il reçut les sacrements. « Mon père, écrit sa fille Constance, a donné le bon exemple, il devait y avoir conformité entre ses paroles et ses actions, et l'on doit confesser de cœur ce que l'on a confessé de bouche. »

La maladie cependant ne paraissait pas s'aggraver et Joseph de Maistre resta dans le même état jusqu'au 24 février. Après deux mois d'angoisses, son entourage ne savait plus que penser, mais on était loin de reprendre espoir. « La maladie avait commencé par une sorte de paralysie, il marchait avec peine, il chancelait quelquefois comme un homme ivre, et cette faiblesse, qu'il s'efforçait de cacher, a été cause de plusieurs chutes, dont une fort dangereuse... Enfin, après avoir lutté le plus longtemps possible contre son mal, il a fallu se mettre au lit le 1er janvier, et depuis, lors, le malade n'en est sorti que pour venir, ou plutôt pour être porté à son fauteuil, et de là deux ou trois fois dans sa voiture, quand il se sentait moins faible et que le soleil était chaud. Il n'a jamais eu de fièvre, son pouls est fort régulier, sa voix forte, sa tête comme il l'avait en santé, remplie des mêmes idées, et il n'a jamais passé deux jours sans dicter ; à l'entendre parler et à lui toucher le pouls, c'est un homme qui se porte bien ; mais à le regarder, grand Dieu ! c'est autre chose. Il n'y a pas trace de sang dans ce visage, ses joues ne sont qu'une feuille de parchemin, et quand il dort... Ah ! Monsieur, je n'ai pas la force de dire à quoi il ressemble, tant cela fait mal à penser !... Il n'a plus de tact dans les doigts, sa pauvre main laisse échapper ce qu'elle tient et même cette plume avec laquelle il a défendu tant d'années la cause de la vérité.... »

Trois mois devaient encore s'écouler dans ces cruelles alternatives, sans espoir de sauver le malade, qui s'affaiblissait de jour en jour, frappé d'une sorte d'insensibilité léthargique.

Constance écrivait le 28 mai 1821 à M. de Place, le collaborateur de Joseph de Maistre pour le livre *Du Pape*, et cette fois c'était pour raconter la mort de son père :

« Jusqu'au dernier moment de sa vie il s'est occupé de la religion et de ses ministres. Sur son lit de mort, il a écrit de ses défaillantes mains un mémoire relatif à l'établissement des Jésuites en Savoie. Il nous dictait chaque jour d'autres mémoires en faveur des pauvres... Dieu, en frappant son corps, ne lui avait rien ôté de ses facultés intellectuelles ; la paralysie s'avançait graduellement ; des nerfs de ses jambes elle en était venue à ceux de l'estomac, ses mains n'avaient plus de tact, son teint livide était celui de la mort, mais son esprit avait encore la même activité, sa voix la même force ; et la parole, organe de l'intelligence, ne lui a manqué qu'à l'agonie. On parlait devant lui d'un malade qui ne pensait plus qu'à sa bête. Moi, disait-il, en riant, ce sera tout le contraire et vous verrez qu'un de ces jours on ne trouvera plus qu'un esprit dans mon lit. C'était encore peu de jours avant sa mort qu'il répéta avec enthousiasme ce passage de l'*Apocalypse* : « A celui qui m'aura confessé devant les hommes, je lui ouvrirai une porte que nul ne pourra fermer. »

Tous les soirs on récitait les prières en commun dans sa chambre. Joseph de Maistre dictait encore des lettres et donnait des signatures la veille même de sa mort. Depuis un an il avait annoncé lui-même sa fin prochaine. Il embrassait souvent sa femme et ses enfants en leur disant : « Ah ! qu'il est cruel de vous quitter, vous qui me rendez la vie si douce ! » Quand on voulait le rassurer, il secouait la tête en disant : « Vous avez beau faire, vous ne me tirerez pas d'ici. » « Il dépérissait, il mourait en détail, il n'avait plus rien de vivant en lui que le pouls et la voix, et la force de son organe nous trompait sur sa force intérieure. Nous osions croire à un miracle. Tant de prières, tant de larmes nous semblaient devoir être exaucées... »

« Quand je vous écrivais cette lettre si triste du 24 février, mon père n'avait plus que deux jours à vivre. Les nerfs de son estomac ne faisaient plus aucune fonction ; toute espèce d'aliment lui faisait horreur; ce n'était plus que par excès de tendresse qu'il goûtait à ce qu'on lui présentait et toujours en disant de la nourriture : *C'est affreux !* et des remèdes : *C'est inutile.* Mais le 25, au soir, le médecin ayant proposé du sirop d'ipécacuanha, il dit un *non* absolu et ajouta : « Laissez-moi mourir tranquille. » Ce sont les dernières paroles que j'ai entendues de lui ; et il répétait à demi-voix : *Qu'on me laisse mourir tranquille.* A la fin, vaincu par nos prières, il se laissa aracher un *oui* pour le lendemain. Mon Dieu, ce sera peut-être trop tard, dis-je en moi-même ; mais cette funeste idée passa comme un éclair ; je ne pouvais le croire aussi mal.

« Il était alors 11 heures du soir ; nous ne le quittâmes qu'après minuit ; il semblait dormir d'un sommeil tranquille ; maman seule resta avec lui, elle couchait dans sa chambre et l'a veillé pendant les six semaines de sa maladie.

« Un peu avant deux heures, je me réveillai je ne sais comment, avec un battement de cœur et une angoisse horrible ; je m'élançai hors de mon lit, je courus dans la chambre de mon père, il venait de perdre la parole ; je n'ai plus entendu sa voix, mais ses yeux se sont encore ouverts sur moi ; il a fait un dernier effort pour prendre le bouillon que je lui présentais, et puis ses yeux se sont fermés et son agonie a duré jusqu'à 10 heures du matin. Son sommeil depuis longtemps ressemblait à la mort ; mais on peut dire aussi que sa mort n'était qu'un sommeil ; aucune altération dans ses traits, rien de contracté sur son visage, il semblait dormir, mais c'était pour ne plus se réveiller... Quel moment que celui où l'on vous dit : tout est fini !... Et moi, j'étais là, pleine de jeunesse et de vie, de cette vie que je tenais de lui ; je ne pouvais réchauffer de mon sang ce sang qui se glaçait...»

Joseph de Maistre expira le 26 février 1821. Son fils a résumé sa vie en quelques lignes :

« M. de Maistre, en entrant au service à l'âge de dix-huit ans avait une fortune suffisante pour jouir d'une honnête aisance dans sa ville natale. Après avoir servi son roi pendant cinquante ans, il rentra en Piémont dans une honorable et complète pauvreté. Tous ses biens ayant été vendus, il eut part à l'indemnité des émigrés : mais une bonne partie des terres qu'il avait possédées, étant située en France, ne fut point portée en compte. Avec la modeste compensation qui lui fut allouée et *un millier de louis que lui prêta le comte de Blacas*, il acheta une terre de cent mille francs environ, seul héritage matériel qu'il légua à ses enfants. »

CONCLUSION

Ceux qui ne voient dans Joseph de Maistre que l'auteur du *Pape*, des *Soirées*, etc., le jugent mal ou le jugent incomplètement, aussi bien que ceux qui l'apprécient uniquement d'après sa *Correspondance* et sans tenir compte de ses ouvrages.

Ces deux points de vue sont inséparables et composent ensemble la figure vraie, la figure définitive du grand penseur catholique : l'un est la doctrine, l'autre en est le commentaire.

La publication de sa correspondance complète et de quelques ouvrages particulièrement documentés, comme les livres de Descotes et Albert Blanc, ne permettent plus de porter sur Joseph de Maistre un jugement sans nuances et sans restrictions. On ne peut plus désormais passer sous silence les idées personnelles et les sentiments qui expliquent et atténuent son œuvre. Sans doute, l'écrivain est bien un théoricien intransigeant du droit divin et de la monarchie absolue, mais il détestait foncièrement la tyrannie et voulait la liberté pour tous. Il déclare que la Révolution a pour jamais changé le vieil ordre des choses, et qu'il ne faut plus songer à revenir au passé. Il a critiqué l'ancien Régime, jugé sévèrement la noblesse, et il n'a pas ménagé les émigrés. Il raille même les évêques dévoués à Napoléon, et l'on sait ce qu'il a dit de Pie VII venant sacrer le grand Empereur. Sa préoccupation constante est d'adapter la monarchie aux idées nouvelles et de concilier les droits de l'individu avec ceux de l'Etat, difficile problème dont il place la solution entre les mains du Pape, considéré comme arbitre suprême des rois et des peuples.

Quand Albert Blanc publia son ouvrage : *Mémoires politiques et Correspondance diplomatique de Joseph de Maistre*, la libre-pensée crut un moment triompher et avoir découvert un de Maistre nouveau, rationaliste et libéral. Barbey d'Aurevilly eut un accès d'indignation contre ceux qui voulaient si ridiculement travestir le rôle et la pensée de l'illustre philosophe ultramontain.

Il n'y a plus aujourd'hui à s'effaroucher devant la constatation d'une tournure d'esprit qui, chez Joseph de Maistre, n'a modifié ni son catholicisme, ni son royalisme, ni quoi que soit de sa doctrine systématique et autoritaire. Certes, l'auteur des *Considérations* n'est pas un libéral, dans le mauvais sens que mérite trop souvent ce mot ; ce n'est pas un homme sans principes, d'abdication et d'indifférence, admettant l'égale liberté du mal et du bien. Seulement de Maistre gardait les yeux ouverts sur la réalité et, sorti de la théorie et de la spéculation, il comprenait les exigences de son temps et la nécessité du renouvellement social et des adaptations politiques.

Il semble donc démontré que l'écrivain chez lui a dépassé l'homme en hardiesse et en intransigeance ; que, s'il est demeuré ferme sur les principes et n'a jamais rien démenti de ses ouvrages, il garda néanmoins toujours quelque chose de sa première tournure d'esprit libérale.

J. de Maistre est catholique dans l'âme et de toute la force de sa conviction ; mais son catholicisme social et politique tient tout de la raison et presque rien du sentiment. La sensibilité religieuse apparaît rarement dans ses lettres. L'imagination semble à peu près absente de sa mentalité chrétienne. Il parle peu de ses devoirs religieux ; aucune confidence, aucune effusion ; point de ces traits de ferveur, comme en laisse échapper une âme souffrante qui se console au pied de la croix. C'est un stoïcien du catholicisme, inébranlable sur la doctrine et qui garda pour lui le secret de ses aspirations et de sa vie intérieure. Même ses tendresses privées ont quelque chose de tranquille et de raisonnable.

Cette absence, si on peut dire, d'intimité religieuse étonne d'abord chez de Maistre ; mais on trouve cela naturel, quand on a la clef de son caractère.

Il faut le voir tel qu'il est : c'est un laïque qui a compris, aimé et démontré le christianisme par la raison, par la philosophie et par l'histoire. Son âme ne vivait que de certitude. Sa tournure d'esprit inflexible le portait à imposer la vérité bien plus qu'à la faire aimer. C'était un cerveau avant d'être un cœur ; mais sa correspondance est là pour montrer que, si le cœur ne paraît pas dans son œuvre, ce cœur était bien vivant et dominait l'homme et sa vie privée. Tous ceux qui l'ont approché ont rendu justice à sa simplicité et à sa bonté. Ce polémiste à outrance ne pouvait entendre dire du mal de personne. Il a été, dans toute la force du terme, un grand honnête homme, un grand catholique et un grand écrivain.

FIN

Paris, 15 novembre 1913.

TABLE DES GRAVURES

TABLE DES MATIÈRES

Lyon. — Imprimerie Emmanuel VITTE, rue de la Quarantaine, 18.

www.ingramcontent.com/pod-product-compliance
Ingram Content Group UK Ltd.
Pitfield, Milton Keynes, MK11 3LW, UK
UKHW031836260826
14628UKWH00001B/413